Lágrimas que ahogan

Lágrimas que ahogan

Testimonio de una mujer víctima del chantaje emocional en su matrimonio

Gisèle Corboud

Styria

Tuset, 3 2° - 08006 Barcelona
www.styria.es
Primera edición: marzo de 2007

ISBN: 978-84-96626-39-3
Depósito Legal: B-1.380-2007
Diseño de cubierta: Enrique Iborra
Maquetación: Media Circus (www.media-circus.com)
Impresión y encuadernación: Industria Gráfica Domingo, S.A.

Impreso en España - *Printed in Spain*

Índice

I. El túnel 13
II. A medio camino 41
III. Sombras en el camino 65
IV. Al final del camino 101
V. El despertar 127
VI. Al día siguiente 157
VII. Finalmente, el descanso 187

CONCLUSIONES
Lo que una mujer nunca debe olvidar 197

APÉNDICE
El chantaje emocional en la pareja 205

A mis hijas, a las víctimas pasadas y futuras, a todas las personas que aún no han perdido la capacidad de amar.

Amar es alegrarse y querer el bien de aquel a quien se ama.
ARISTÓTELES

Amor es lo que no tenemos, lo que no somos, lo que nos falta.
He aquí los objetos del deseo y del amor.
PLATÓN

Toda nuestra felicidad y toda nuestra miseria
dependen de una sola cosa, del objeto al que amamos.
SPINOZA

La psicosis depresiva o melancólica se caracteriza fundamentalmente
por la pérdida de la capacidad de amar.
FREUD

El dejar correr la mente en la marea de recuerdos
se presenta como una ardua tarea,
pero intentaré desmadejar la masa de mis olvidos pasados
para que éstos puedan aflorar en el presente
libre de ataduras y así pueda yo
recuperar mi personalidad perdida.

15 de julio de 2003

I

EL TÚNEL

Era una mañana cualquiera cuando por primera vez pisé el oscuro suelo del tenebroso túnel que me llevaría a mi primer día de parvulario. Digo *tenebroso túnel*, ya que cuando te adentrabas en él, a medio camino, montados sobre el plinto, se hallaban los alumnos más mayores, que a nuestro paso se dedicaban a aterrorizarnos, saltando sobre nosotros y levantando las faldas a las niñas.

En medio de aquella algarabía llena de ululaciones y gritos de espanto, corríamos todos de una forma atropellada hacia el punto de luz que representaba el final de dicha tortura al desembocar en un magnífico y enorme patio que separaba la escuela del parvulario.

Lo que yo no sabía es que, más adelante, dicho patio se convertiría también en fuente de problemas para mí. Tampoco sabía que en el futuro volvería a encontrar a uno de los chavales que nos amedrentaban a nuestro paso por el túnel y que entraría a formar parte importante de mi vida adulta.

Finalmente ascendíamos por una escalera que nos llevaba al interior de lo que sería el principio del fin de mi inocencia al comprobar que el hombre es un depredador nato y que es muy difícil —y extraño— que lleve aparejada una forma armónica.

Como si de un presentimiento se tratase, me agarré fuertemente a un enorme cortinaje que adornaba una esquina del gran ventanal, sobre la calle Brusi. Allí me quedé bajo su protección hasta que la *tante* se acercó hacia mí para conducirme al que iba a ser mi primer lugar asignado y que disfrutaría durante dos largos años.

Los recuerdos que tengo de aquella época están parcialmente confusos. Se entremezclan el pavor que sentía cada mañana al cruzar el terrible túnel, el volver a desandarlo dos veces al día y la inseguridad que hacía mella en mí, toda aquella progenie de enanos que me rodeaba y me miraba —con recelo algunos, otros con insana burla—. Suerte que al final del túnel desandado me estaba esperando Julia con los brazos abiertos, llenos de dulzura y amor.

El único recuerdo cálido que guardo de mi primera época escolar es la figura de la *tante* que, sin ser empalagosa, era afable conmigo. Ella fue la que consiguió que poco a poco dejara mi mutismo de lado y me lanzara a participar en los juegos infantiles. Sin ser una mujer bella, poseía un rostro enmarcado por una larga cabellera rubia, una cálida y amable expresión que me reconfortaba, alejando en parte mi desasosiego por lo desconocido.

Entre aquellas cuatro paredes llenas de dibujos coloreados, partituras con notas musicales y juguetes didácticos, empecé a vislumbrar que la relación con mi entorno no sería un lecho de rosas.

Nunca he gozado de buena salud y, para colmo de males, empecé a dar muestras de ello en aquella época temprana de mi niñez. Mi padre jamás soportó tener un hijo enfermizo. Su mayor ilusión hubiera sido un descendiente varón, potente y fuerte, para poder disfrutar con él de los deportes que le gustaba practicar, pero por desgracia sólo tuvo dos hijas.

Desgracia, porque al ser yo la segunda en nacer se empeñó en educarme como a un hijo varón, mientras que siempre protegió a mi hermana mayor. Nunca dejó de considerarla la más débil y, en cambio, aseguraba que yo contaba con una mayor fortaleza —de la que en realidad carecía—. Esto hizo que mi infancia se desenvolviera en una auténtica lucha entre mi hermana y yo. Ella consideraba que por el hecho de ser dos años y nueve meses mayor tenía el derecho de putearme constantemente. Todo ello iba abonado por la tranquilidad de sentirse en todo momento respaldada por nuestros padres. Para mi progenitor, el primogénito siempre era el que tenía las prerrogativas. En aquel entonces yo le debía pleitesía a mi hermana. Aún hoy tiene la extraña pretensión de que se le rinda pleitesía sólo por haber nacido la primera y ello ha provocado y provoca un total desarraigo entre nosotras. No creo que la intención de mis padres fuera precisamente el crear un abismo fraternal de tales dimensiones, pero lo único que consiguieron fue que mi hermana se ensañara conmigo y no consintiera que algo se me diera a mí sin haberlo ella rechazado previamente. Pero el tiempo de la infancia hace demasiados años que concluyó, y ahora que las dos gozamos de idéntico estatus como personas, únicamente encontrará por mi parte respeto y comprensión. Es una lástima que no exista relación alguna entre ambas, más allá de lo que marca la buena educación.

Por a mi precaria salud física —herencia genética— y a mi torturada salud psíquica —resultado del casi inexistente trato familiar—, mi infancia transcurrió entrando y saliendo de clínicas, entre intervenciones quirúrgicas y largos tratamientos médicos para combatir enfermedades diversas.

Todo ello, unido a mi aspecto físico, no propició precisamente que la relación con mi entorno escolar fuera demasiado grata.

Tanto mi madre como mi padre eran altos, y sin duda yo heredé de ellos mi esbelta gracia corporal en constante crecimiento, como así constaba en mi pasaporte.

En la España de los cincuenta (aún no recuperada de la terrible guerra civil sufrida una década y media atrás) no era habitual encontrar varones de elevada estatura, cuánto menos mujeres. Esto explica que mi constante e imparable crecimiento hacia las alturas sorprendiera y provocara diferentes reacciones en todo aquel que, de alguna forma, se relacionó conmigo a lo largo de mi infancia y adolescencia.

Para algunos, mi estatura era objeto de mofa y escarnio; para otros, de envidia o de pena. También estaban los que se aprovechaban de ella para achacarme todos los desastres y atropellos ocurridos a mi alrededor y así, aun siendo responsables de lo ocurrido en la mayoría de los casos, evitar ser castigados ellos mismos en aquellas ocasiones en las que era necesario dar con el culpable, fuese o no intencionado el daño.

Otro problema que causaba mi altura era que siempre destacaba en cualquier lugar en donde me hallase, lo que provocaba que constantemente me sintiera observada de una forma crítica y calculadora por los mayores. Muy pocos de ellos me sobrepasaban en centímetros... Por lo general no llegaban a alcanzarme.

Esto me hace recordar los problemas que tenía mi profesora de baile a la hora de encontrarme pareja para los festivales de danza que organizaba en el aforo del teatro del antiguo Colegio de Médicos, con todas sus alumnas como participantes. Al acto acudían con placer y deleite todos los padres y familiares de las víctimas de aquel inmenso escenario, o así me lo parecía entonces. Casi siempre debía bailar sola y con el peso de todas las miradas enfocadas hacia mí, lo que me producían auténtico pánico. Hasta tal punto que, un día, cuando estaba iniciando la Danza India de Tchaikovsky me quedé en blanco y huí despavorida del escenario, para refugiarme en la oscuridad de las bambalinas.

Las reacciones que mi envergadura provocaba entre la gente de mi entorno, en vez de acomplejarme o hacerme sentir incómoda, lograron aumentar mi autoestima y propiciaron que no intentara esconder mi altura. Comencé a andar muy erguida y entonces todo el mundo empezó a llamarme presumida por ir de tal porte.

Es curioso pero aún hoy me sigue ocurriendo lo mismo, aunque ahora ya no calzo aquellos zapatos con tacones de más de doce centímetros que aumentaban mi estatura y que yo lucía con orgullo.

Fue una de las primeras veces en que me percaté de que el ser humano necesita criticar, rechazar todo aquello que no se asemeje totalmente a él.

Lo curioso es que mi altura, ahora menguada por los años, todavía provoca en la actualidad el rechazo hacia mi persona. No hace mucho me comentaron que mi envergadura provoca en el sexo contrario una desgana a la hora de ofrecerme ayuda o protección. Lamentablemente no puedo menguar, así que no tendré más remedio que seguir mi andadura en solitario sin recibir el necesitado apoyo.

El despertar de la adolescencia, con el inicio de la pubertad, produjo en mí una serie de reacciones totalmente dispares que hicieron que mi aislamiento se fuera agudizando y que mi inconformismo ante la sociedad de la época se cerrara en banda ante la fría lógica del adulto.

Estábamos en los años sesenta y con ellos el mundo se llenó de protestas frente al orden establecido por nuestros entepasados. Nos estábamos rebelando contra el sistema, o eso es lo que pensábamos en nuestra inocencia. No nos dábamos cuenta de que realmente estábamos siendo manejados por el mismo orden que queríamos abolir y erradicar. Nosotros sólo fuimos la excusa inventada por los grandes estamentos financieros para que el mundo futuro se convirtiera al consumismo.

No nos percatamos de que estábamos cayendo en una gran tela de araña muy hábilmente entretejida a nuestro alrededor trenzada con nuestros ideales y sueños. Ideales de amor, sinceridad, honestidad, fraternidad, caridad, igualdad, libertad y todo lo que se os pudiera ocurrir bajo aquella inmensa nube de marihuana llena de flores y de cánticos *hippies* que nos envolvía sin dejarnos ver la realidad pura, dura y llana, contra la que más tarde o más temprano toparíamos de lleno.

Por aquel entonces yo ya me había introducido en el mundo del arte gracias a mi abuelo paterno, quien había insistido a mi padre que me permitiese acudir a una academia de arte para iniciarme en su culto.

Ésta fue mi época más perfecta. Por fin había alguien que veía en mí algo más que mi estatura. Por fin alguien se dignaba a mirar en mi interior, en mis anhelos.

Mi abuelo pasaba largas temporadas en casa junto a su segunda esposa, juntos me amadrinaban y apadrinaban. Era un hombre bastante seco, que nos hacía levantar antes del alba para acudir a la primera misa, la más breve. Por lo general esto sucedía en invierno y tanto mi hermana como yo empezamos a temer sus dos visitas anuales. Finalmente pudimos respirar tranquilas cuando dejó de visitarnos con tanta frecuencia. La última vez que lo vi con vida fue a los 18 años, durante mi estancia en un internado a orillas del lago Leman, en Suiza. Recuerdo que le vi mientras subía la cuesta que conducía a su casa, a medio camino. Venía andando hacia mí. Cuando llegué a su altura le saludé efusivamente pero él respondió con frialdad: *«Tu sembles une putain»* («Pareces una puta»), me dijo. Me dejó helada. Me había esmerado para escoger una indumentaria adecuada y había evitado maquillarme en exceso para tal ocasión. Desconozco qué comentario hubiera hecho si me hubiera visto en pleno apogeo de mi *atrezzo* de diario. En cualquier caso, siempre le agradeceré que insistiera para que me iniciara en el manejo de los pinceles y el carbón. Pocos años después murió mientras dormía.

Cada tarde, al salir de la Escuela Suiza me dirigía andando desde la calle Alfonso XII hasta la calle Balmes, o era Rambla de Cataluña esquina Rosellón. Al llegar al portal, que hacía esquina, me adentraba en él y subía los escalones de cuatro en cuatro, hasta llegar al tercer piso donde se hallaba una pequeña academia dirigida por tres excepcionales mujeres licenciadas en Bellas Artes, que estaban preparando oposiciones para poder ejercer la enseñanza.

A dicha academia acudían alumnos de la facultad de Arquitectura para preparar su examen de dibujo artístico. Entre ellos, yo destacaba tanto por mi estatura como por mi edad, ya que sólo tenía doce años y ellos deberían de estar rozando los veinte. Era la única fémina entre aquel grupo de alumnos. Por suerte no siempre nos encontrábamos todos a la vez. Yo era la niña mimada de mis tres profesoras.

Cada una de ellas me enseñó algo importante del dibujo al carbón y juntas desarrollaron en mí la pasión por el arte. Las tres estaban sorprendidas de que, a pesar de mi temprana edad, tuviera tal habilidad con el carboncillo: era capaz de dar textura de carne al dibujar la copia de yeso que estaba encima de un pedestal y que cumplía las funciones de modelo.

Con ellas aprendí a amar la anatomía humana, a disfrutar con los escorzos y a acariciar los músculos con las yemas de los dedos. Por desgracia mi permanencia en la academia sólo duró un curso. No recuerdo por qué dejé de acudir. Supongo que saqué malas notas al final del año escolar y mi padre decidió que no debía tener distracciones que alteraran el curso de mis estudios.

Recuerdo que, por la misma época, mi padre me había castigado por no tener las calificaciones escolares que él pretendía.

Su castigo consistía en ir a la escuela a buscarme en plena clase, sacarme de ella delante de la extrañeza de mis compañeros, para acto seguido, llevarme a su fábrica de Pueblo Nuevo, donde me dedicaba al agradable ejercicio de lavar grandes garrafas de cristal de tono verdoso, que anteriormente habían contenido algún que otro producto químico. Dicha excelsa labor comenzaba a las seis de la mañana y acababa no recuerdo a qué hora. Lavábamos las inmensas garrafas con agua fría bajo las miradas burlonas de una serie de empleados que, a sabiendas de que éramos las hijas del jefe, satisfacían su condición de inferioridad social haciéndonos sentir lo más bajo de la escala laboral de la fábrica.

Con ello mi padre pretendía que tanto mi hermana como yo pudiéramos apreciar nuestra perfecta vida de estudiantes al compararla con la dura jornada laboral de una limpiabotellas. No durábamos más de una semana en tal arduo trabajo y cuando retornábamos a las labores escolares, las tomábamos con gran alegría, de manera que por lo general nos esforzábamos un poco más en los estudios. Aunque ello no duraba eternamente, sobre todo en lo que se refería a mi persona. No tardaba en languidecer en mis ensoñaciones y volvía de nuevo a distraerme en mis estudios. A pesar de mi falta de concentración mis notas no eran tan deficientes, como he podido comprobar últimamente al encontrar mi libreta de calificaciones de dicha época.

Fue una pena que no continuase en aquella pequeña academia de arte con aquellas tres deliciosas profesoras. No recuerdo sus nombres pero sí sus físicos, como si las estuviera viendo ahora mismo.

Eran tres y muy distintas tanto física como psicológicamente, pero muy parecidas en su pasión por el arte y en la forma en la que se consagraban en mi preparación para tal menester. Lo hicieron con tal dedicación y esmero, que a los doce años ya estaba preparada para poder cursar tercer curso de Bellas Artes. El problema era mi edad, ya que no se podía ingresar en la Real Academia hasta los catorce años y todo ello reforzado con la poca o ninguna aceptación de mi padre a que yo me adentrara en los tortuosos caminos del arte.

Eran tres, cada una con un tono distinto de cabello: rubia, morena y pelirroja. También eran diferentes en el conjunto de su anatomía.

La que parecía la jefa siempre se hallaba en la academia. Tenía una corta melena rubia y lacia. Calzaba unas enormes gafas de miope y en uno de sus pies llevaba un alza, resultado de haber padecido una poliomielitis a temprana edad. Su estatura era elevada y su físico desgarbado y flaco. La naturaleza no había sido benigna ni justa con ella, pero te olvidabas de su falta de belleza al recibir toda su capacidad de dar. Ella fue la que me enseñó a amar el color y el arte de mezclar las tonalidades oleosas sobre una tela de lino.

La morena, todo lo contrario, era bajita y de constitución pícnica. Su cabello era ondulado y corto. La verdad es que no era nada atractiva pero tenía una gran capacidad en la transmisión de la perfecta utilización del carboncillo. Fue la que verdaderamente introdujo en mí una gran confianza a la hora de realizar el primer trazo sobre el papel Guarro, para luego no ensuciarlo en vano.

Por último, la tercera era la más estética de las tres. Su cabeza se hallaba envuelta en una nube ensortijada de cabellos rojizos que enmarcaban un rostro plagado de pecas. Creo recordar que sus ojos eran de color verdoso y su porte era atlético y armonioso. Normalmente pasaba por la academia como un vendaval.

Ella fue la que me introdujo en la escultura y me hizo sentir la pasión del volumen.

Fue una gozada poder estar bajo su tutela. Fui una privilegiada al poder ser alumna de aquellas tres incipientes profesoras de arte: el hecho de que fuesen principiantes en tal menester favoreció que volcarán en mí todo su conocimiento y con ello me dieron la vida.

A partir de entonces ya nunca deje de pensar en el arte hasta el día de hoy. Fue y es mi pasión, mi refugio y la finalidad de mi existencia. Finalidad que a lo largo de estos años siempre fue interrumpida por necesidades más imperantes de mi entorno, como la de producir dinero de una forma inmediata, pero esto es otra historia que por ahora no viene al caso.

Todo esto me hace recordar que varias mujeres han influido mucho en mi vida de un modo u otro. Como mi profesora de latín.

Yo tenía un problema para poder estudiar cualquier materia: primero debía entender y luego podía memorizar. Pero ¿cómo se puede entender algo carente de vida? Al ver los nefastos resultados en ciertas asignaturas de lengua, mi padre decidió que tomase clases particulares para reforzar esa materia. Para ello contrató los servicios de la profesora que la impartía en la escuela. Era la esposa del profesor de química, conocido como el Pipo, por lo que ella también llevaba estigmatizado el nombre de la Pipa. Nunca llegué a saber por qué al profesor de ciencias se le había puesto tal apodo.

La Pipa era una persona que bordeaba el enanismo y su cuerpo, presionado por la gravedad, culminaba en una enorme cabeza llena de sabiduría y conocimientos. Cuando las palabras surgían de su boca provocaban un efecto paranormal, y la convertían de repente en una persona grande, muy grande, casi tan grande que hacía que la estancia en la que nos hallábamos se empequeñeciera. Poseía una belleza sobrenatural que irradiaba de su interior, haciendo que uno se olvidara de su aspecto físico real.

De la forma más simple, me introdujo en el pensamiento filosófico, haciéndome vibrar en él de tal manera que me enfrasqué en la búsqueda del mismo. Nos pasábamos la hora de clase hablando sobre cualquier cosa, arte, moda, estética, gastronomía, geografía, todo ello intercalando las declinaciones en latín. Aún no sé cómo lo logró, pero en el examen final conseguí, no un aprobado, sino un sobresaliente. Con ella aprendí a ser persona. Su voz es la que a través de los años me ha impedido que me perdiera en la nada. Cuando desfallezco hay algo que me hace recordar su voz que me insiste: «Ten tus alforjas repletas de muchas ilusiones, ya que la vida se encargará de arrebatártelas y siempre debes tener alguna de repuesto para poder seguir adelante en el camino escogido sin desfallecer».

Nunca supe su nombre real, pero sí su apellido. Sender. Era la hermana de un literato de fama mundial, exiliado en México por la guerra civil del 36. Me habló de cómo era la vida de su hermano en la ciudad de Moctezuma. Impartía clases docentes en la facultad. Junto a su esposa y dos hijas, vivía en un barrio lujoso pero parecía una prisión, ya que por lo visto era difícil salir de él por la violencia que allí existía.

Conocí el pensamiento de su hermano a través de ella y esto me empujó a tratar de acceder a su obra publicada. Mucho más tarde, con el paso del tiempo, conseguí leer alguna obra suya.

El fascismo franquista tenía prohibida su publicación en España, como la de muchos otros autores que eran considerados no adecuados para la evolución espiritual de los futuros ciudadanos de la España ibérica.

Hace unos pocos años la volví a ver en una recepción, nos abrazamos. Por un instante volví a ser aquella adolescente inquieta, curiosa, ávida de la sabiduría que aquel ser tan perfecto podía darme. No había cambiado en nada. A pesar de su ínfima estatura, seguía resplandeciendo de tal manera que era imposible dejar de verla en medio de aquella multitud que la doblaba en centímetros. Había enviudado y por lo visto se dedicaba a apoyar intelectualmente a un poeta. Recientemente llegó a mi conocimiento que la relación entre el poeta y ella había sido algo más. Jamás la he vuelto a ver.

Volviendo atrás en el tiempo, a mis años infantes, recuerdo la poca presencia de mis padres en el hogar familiar, que más bien parecía un lugar de paso para ellos, hasta que finalmente decidieron apaciguar un poco su incansable trasiego laboral.

El concepto que yo tenía de mis padres en aquella época era el de unos seres asexuados, mudos y pétreos. Solamente mi padre hacía ostentación de su gran fuerza con nosotras dos al encerrarnos e inmovilizarnos en sus grandes brazos de oso. Mientras nos retenía con un solo brazo, el otro se dedicaba a torturarnos una oreja hasta que ésta se tornaba de color carmesí. Mi padre poseía una gran potencia física.

Era un hombre de gran altura y fuerte masa muscular. En sus años mozos, a espaldas de su progenitor, se había dedicado al deporte del boxeo y había quedado campeón juvenil de Bélgica a los 16 años. Supongo que mi abuelo debió de entrar en cólera cuando lo supo, pero de ello no tengo información. Era tan fuerte que podía levantarnos a mi madre, a mi hermana y a mí al mismo tiempo.

Su cabello era rubio y sus ojos, de un azul celeste, quedaban ocultos bajo unos gruesos cristales tintados de miope. Poseía unas manos grandes y cuadradas que causaban pavor sólo de pensar el efecto que ocasionarían al estrellarse en nuestra cara si lo hacíamos enfadar. Suerte que esto no podía ocurrir muy a menudo por la sencilla razón de que casi siempre se hallaba ausente, de viaje por varios países de la Europa de entonces.

A su regreso siempre nos traía diferentes obsequios hasta que un buen día comenzó la tradición de las monedas de oro, que con los años fue formando y engrosando una bonita colección numismática. De ella sólo conservo el recuerdo, ya que desapareció cuando mi marido la vendió para comprar no sé qué aparato médico, o eso fue lo que él me dijo.

Mis compañeras de clase encontraban a mi padre muy atractivo, lo que me producía asombro ya que yo, en aquella época, aún era muy infantil para ciertas cosas y me resultaba imposible entender que las personas podían sentirse sexualmente atraídas por otras. Con el paso de los años fui entendiéndolo.

De mi madre poca cosa puedo decir. Era un ser etéreo, de fría mirada, que muy pocas veces dejaba vislumbrar su interior más cálido. De origen italiano, pero nacida en la Costa Azul, era el puro reflejo de la elegancia y el *glamour* del país de la moda. Era una mujer alta, atlética y esbelta. Siempre fue muy delgada, lo que acentuaba aún más su exquisita elegancia. Su cabello de color azabache, muy rizado y encrespado, le causaba auténtica preocupación, de tal forma que por lo general lo ocultaba bajo una serie de pelucas de cabello natural, elaboradas especialmente para ella por un peluquero homosexual de la Gran Vía.

Estábamos en los sesenta y no era nada chic el cabello de textura negroide. La moda imperante eran las largas cabelleras totalmente lacias y todas las féminas de aquella época, fuera cual fuera su edad, se dedicaban a plancharse el cabello. De ella heredé mi horrible y encrespado pelo, que fue mi tortura hasta que decidí no preocuparme más por algo que no tenía remedio. Asimismo, mi madre lo heredó de su padre, un italiano del norte, encantador, que en la primera guerra mundial había sido elegido como caza número uno nocturno de la aviación italiana. Esto último lo convertía para mí en alguien digno de admiración, en un aventurero difícil de igualar en sus gestas de enorme valentía, pero precisamente el efecto causado en mi madre fue todo lo contrario.

Cuando estalló la segunda guerra mundial mi abuelo fue arrestado por los franceses, ya que, aunque vivía en Francia desde hacía muchos años, su participación en la gran guerra en el bando enemigo lo señalaba como candidato a una observación vigilada. Ello provocó que todo integrante de su familia fuera señalado como persona *non grata*. Mi madre se sintió marginada y despreciada por su entorno juvenil. Como respuesta, decidió emigrar al país origen de sus males, Alemania. Fue allí donde conoció a mi padre y allí contrajeron matrimonio, en pleno bombardeo de la ciudad de Colonia.

Os preguntaréis qué hacía mi padre en la tierra del Tercer Reich. Mientras navegaban por el Danubio en pleno viaje de fin de curso junto a un compañero de carrera, ambos fueron detenidos y acusados de espías. Mi padre fue deportado a Alemania como prisionero de guerra. Su reciente titulación en Química le confinó en una fábrica de productos químicos, donde debía dirigir a todos los presos que trabajaban en ella. Los alemanes, como buenos estrategas que eran, empleaban a prisioneros de guerra cualificados para trabajar en sus fábricas y así evitar las posibles bajas de sus súbditos cuando los aliados se dedicaban a bombardear todas las instalaciones industriales en territorio alemán. Por lo visto no los trataban mal. Podían disfrutar de una cierta libertad controlada en sus descansos y así fue como mi progenitor conoció a mi madre. Fue mi tío quien se la presentó.

En aquella época, el hermano menor de mi padre era muy joven y no tenía demasiado éxito con las mujeres. Trabajaba en las oficinas de una empresa en donde también trabajaba mi madre. Como la vio un poco desamparada en un país que no era el suyo, tuvo la gentileza de invitarla a una fiesta, y ella accedió. Era una reunión social de jóvenes alemanes de rancia familia a la cual también acudió su hermano mayor. Pobre chaval, se debió de llevar un chasco cuando mi madre se fue con mi padre, aunque realmente todo esto que relato nace de la maltrecha memoria de una superviviente a un aneurisma cerebral, mi tía, la hermana mayor de ambos.

No sé lo que hay de cierto en esta historia. Cuando pregunto sobre esta época nadie sabe exponer las vivencias ocurridas de una forma clara y ordenada. Es posible que todos prefieran que lo que realmente aconteció se mantenga en las sombras, y sin embargo, cuando les inquiero sobre otras cosas o tiempos, tampoco son capaces de proporcionarme ninguna amplia información. Es como si la vida pasada de mis padres no tuviera interés para nadie más que para ellos, o como si fueran los celosos guardianes de un secreto inconfesable.

Realmente esto último define a la perfección mi relación con ambos. No había el trato normal entre padres e hijos. Tanto mi hermana como yo manteníamos una relación jerárquica de obediencia y respeto hacia las figuras paternas. Ellos siempre se hallaban fuera de nuestro alcance. Los dos se encontraban situados en la cúspide de la montaña y nosotras en su ladera más inferior. Jamás descendían a nuestro nivel pero pretendían que nosotras actuáramos como si estuviéramos casi al mismo que el suyo.

No pude entonces, y ahora tampoco puedo encontrar un atisbo de ternura y amor hacia mí. No afirmo —pero tampoco niego— que mis padres no nos quisieran. Supongo que, a su manera, nos tenían en buen aprecio por el hecho de ser sus hijas, pero había algo en ellos que les impedía hacer ninguna demostración palpable de ello. Tampoco sé realmente el grado de amor que sentían entre sí. Su relación era tan fría y aséptica como la que nos deparaban a nosotras. Nunca dieron muestras de llevarse bien o mal entre sí: jamás presencié ninguna pelea, pero tampoco una muestra de cariño.

Por lo visto, mi padre había sido testigo de muchas discusiones entre los suyos hasta que finalmente su madre, harta de los malos tratos y vejaciones por parte de mi abuelo, le abandonó y se marchó a vivir a Alemania, sólo con lo puesto.

Al finalizar la segunda guerra mundial, antes de que yo naciera, ella perdió la vida en un accidente de tráfico a la edad de 48 años. Murió ahogada cuando el coche que conducía fue a parar a las aguas tormentosas del Rin. Mi abuelo jamás le concedió el divorcio. Fue una pena que no pudiera conocerla en persona ya que, aunque resulte extraño, me siento muy unida a ella. Es como si estuviéramos conectadas mentalmente, sobre todo estos últimos tiempos. De ella saco las fuerzas para poder sobrellevar los entuertos con que el destino se ha empeñado en marcar mi camino.

La tempestuosa relación de sus padres marcó mucho al mío y a sus hermanos, ya que los tres adoraban a su madre. Seguramente esto fue lo que promovió que en casa jamás se oyera ninguna palabra fuera de tono. Aunque con el paso del tiempo, pude observar que mi madre también había colaborado con su actuación a que nadie se enterara si en algún momento tenían un altercado.

Supongo que mi padre no se daba cuenta, pero en numerosas ocasiones tenía un comportamiento que rozaba el mal gusto cuando se empeñaba en resaltar, de una forma repetitiva, que su esposa carecía de imaginación y que por este motivo él debía comprarle las cosas de vestir para evitar así que ella cometiera errores. No entiendo cómo mi madre no le cerró la boca en ninguna ocasión, ya que a pesar de no tener imaginación poseía un estilo inmejorable a la hora de escoger su vestuario y complementos. Frecuentaba las mejores tiendas de alta costura de la época y por su elegante porte es posible que los modistos la aconsejaran para que pudiera lucir sus modelos y así servir de reclamo de sus agujas de oro ante otras mujeres tanto nacionales como europeas.

Las únicas muestras de cariño y afecto que tanto mi hermana como yo recibimos en nuestra infancia partieron sobre todo de dos mujeres de humilde cuna pero de gran corazón.

Una era nuestra abuela materna, cuya cálida presencia teníamos el placer de disfrutar en contadas ocasiones. La otra era Julia, a cuyo cuidado estuvimos mi hermana y yo desde nuestro nacimiento.

Mi abuela materna había sido la única fémina viva en la *trouppe* de once hijos varones que formaba la progenie de mis bisabuelos. Por pertenecer a una familia trabajadora de la región norteña de Milán, tuvo que sacrificar su infancia ocupándose del cuidado de todos sus hermanos, mientras sus padres se dedicaban a buscar el sustento familiar.

No era una mujer letrada pero poseía una innata inteligencia que hacía que su humanidad, llena de amor, siempre estuviera presente en todas sus manifestaciones.

En su juventud debió de ser una mujer bella, ya que poseía una elevada estatura y una estructura ósea equilibrada y armónica. Recuerdo haberla visto en una ocasión vistiendo un traje sastre de color azabache que se ajustaba a su figura como un guante. Sólo dejaba ver, en parte, unas piernas bien torneadas y enfundadas en medias de seda y que se afianzaban en un par de pies calzados en zapatos de tacón de aguja, de color negro. Su afable y patricio rostro se veía enmarcado por un cabello plateado que siempre llevaba en un recogido de bailarina. Por lo general no vestía de esta guisa. Parecía que quisiera esconder su belleza bajo una ropa ancha y vulgar de trabajo, o simplemente era el reflejo de su personalidad. En esto yo me parezco a ella, ya que a veces no me preocupo en absoluto de mi vestimenta. Lo que me importa es la comodidad de mi cuerpo y no la parte estética que puedan observar los que me vean.

Me viene a la mente que, por ser una mujer poco ilustrada, su francés dejaba mucho que desear, estaba lleno de matices italianos y jamás aprendió a pronunciar bien la letra erre. Las pocas cartas que recibí de ella, normalmente felicitaciones de Navidad, estaban escritas en italiano. Siempre comenzaban así:

«Caresiemi Nipote...». Aún me emociono cuando por casualidad, ordenando viejos papeles, vuelvo a encontrar una de ellas. Sin poder evitarlo, las lágrimas acuden a mis ojos, como si con ello pudiera alcanzar de nuevo su ternura.

Pero el recuerdo físico que tengo de ella es su olor. Siempre olía a una fresca fragancia toscana cuya esencia reconocí, no hace mucho, en una colonia masculina de fabricación española. A él se sumaban los diversos aromas desprendidos de su buen hacer en los fogones, lo que provocaba que a su paso uno se viera transportado a aquel bello paraje italiano, donde los cipreses se mecen al ritmo suave del viento y donde las azaleas obtienen su máximo esplendor poniendo la nota de color fucsia en el paisaje.

Mi abuela se afanaba siempre en la elaboración de deliciosos platos gastronómicos de su Italia natal. Con ella aprendí a amar el arte culinario y especialmente a saborearlo. Se levantaba al alba para amasar la pasta con la que nos iba a deleitar al mediodía. Era un placer degustar sus platos, confeccionados con esmero y amor. Una vez finalizados los servía en una larga mesa, presidida por la opulenta barriga de mi abuelo, al que siempre servía el primero. Revoloteaba constantemente alrededor sirviendo platos humeantes de *raviolis, gnocchis* o *quiques,* que hacían las delicias de nuestro paladar. Guardaba con celo el secreto de su elaboración. Al fin se sentaba —nunca enfrente de su marido sino en un lateral de la mesa, amorosamente preparada— y nos decía con insistencia *«mangia, mangia»*. Mi abuelo se hacía eco de sus palabras repitiendo *«mangiare, mangiare»*. Tanto uno como otro disfrutaban al vernos comer y ellos no probaban bocado casi nunca.

En aquella casa de la rue D'Antibes se respiraba un ambiente cálido que nos abrazaba en cuanto traspasábamos el umbral.

Guardo un grato recuerdo de la misma y de sus habitantes y lamento enormemente no haber podido disfrutar más de su compañía. Añoro la textura de las *baguettes* que cada mañana mi abuela nos preparaba con mantequilla y abundante mermelada de naranja amarga que ella misma elaboraba. Su sabor era exquisito. Poseía una consistencia densa acaramelada que llenaba nuestra boca de un sabor irrepetible, único. Recordándolo ahora se me está haciendo la boca agua y me entristece el hecho de que ya no volveré a probar algo tan dulce y amargo a la vez y todo ello en su punto justo.

El ambiente que se respiraba en aquel hogar era muy distinto al de nuestra casa paterna. Junto a mis abuelos también se encontraba el hermano de mi madre. Era todo lo contrario de ella: cariñoso, dulce como la miel, alegre como un niño y su mirada chispeaba llena de picardía. Era un hombre alto, agraciado, de cálida voz y lleno de vida que nos llevaba por la *Croisette* para poder ver a las estrellas de cine, y a un sinfín de *starlettes*, que se pavoneaban por ella delante del hotel Carlton en busca de algún productor o director cinematográfico que las catapultase a la fama. No guardo el recuerdo de cuándo contrajo matrimonio. Lo hizo con una maravillosa mujer, tierna y afable, pero que debido a un percance de salud había perdido audición y se pasaba todo el tiempo gritando, creyendo erróneamente que nosotros estábamos tan sordos como ella. Al fin se cumplió su mayor deseo cuando nació su primer y único vástago, una niña a la que llegué a tener una sana envidia por el amor y dedicación que recibía de sus padres. Mi tío fue quien me hizo conocer y admirar el arte de Picasso; con ello implantó la semilla creativa, que más tarde germinaría en mí. De profesión lampista, como su padre, reparaba las tuberías averiadas de la mansión del genial pintor andaluz y estaba acostumbrado a «moverse como Pedro por su casa» entre aquellas obras que carecían de firma hasta que alguien las compraba.

Cuánto añoro su aterciopelada y cálida mirada posada en mí, interrogadora y al mismo tiempo protectora, que hacía que me sintiese el centro de su pensamiento y al mismo tiempo comprendida por primera y única vez. No hacía falta que yo pensara: él siempre parecía conocer lo que me inquietaba y lo que me apetecía hacer.

Con los años comprendí que eso se debía a su carácter geminiano: teníamos un carácter tan similar que parecía que formásemos parte de la misma materia.

Julia, aragonesa de nacimiento y oriunda del pueblo de Mazaleón, fue la otra mujer que nos colmó de atenciones durante nuestra infancia; primero a mi hermana y a mí, más tarde a nuestros hijos.

Apareció en el domicilio paterno sobre 1946 para hacerse cargo del cuidado de la casa y de mi hermana recién nacida. Era viuda de guerra y madre de un varón que creció junto a su abuela, ya que Julia debía trabajar para poder alimentarlos a ambos. Poco sé de ella.

Durante su infancia había pasado los duros inviernos aragoneses recogiendo aceitunas y el resto del tiempo ayudando a su madre con el cuidado de sus hermanos y las obligaciones de la huerta, mientras aquélla amamantaba a los hijos de mujeres carentes de leche suficiente a cambio de unas pocas monedas que ayudarían a sustentar la dura economía familiar. Su asistencia a la escuela del lugar creo que había sido muy breve, ya que prácticamente sólo sabía escribir su nombre y tenía grandes dificultades para la lectura. Justo después de contraer matrimonio con un joven de su mismo pueblo y cuando la vida parecía que por fin le sonreía, estalló la guerra civil del 36 para colmo de sus desgracias. Embarazada, se enteró de que su esposo había sido apresado por el bando de los nacionales y se hallaba en las mazmorras de Zaragoza. El hijo que esperaba no pudo conocer a su padre, ya que al poco tiempo éste fue fusilado como tantos otros. Demasiado sufrimiento para una joven madre que debía proteger a su bebé. Decidió emprender el largo éxodo hacia la frontera huyendo de las barbaridades y atropellos cometidos por los vencedores al entrar en las villas del bando contrario. Me contó que cuando las milicias llegaban a los pueblos supuestamente enemigos, tomaban a la fuerza a las mujeres sin discriminación de edad. Les rasuraban la cabeza y las obligaban a beber aceite por medio de un embudo que introducían en su boca y por el cual dejaban correr el espeso líquido sin parar hasta casi ahogarlas. Luego, totalmente desnudas, las echaban del pueblo.

Anduvo el largo camino con su hijo recién nacido, llorando la muerte de su marido y lamentando el poco tiempo que habían tenido para estar juntos. Tan grande era su devoción por su difunto esposo, que jamás volvió a probar el néctar del amor. En el exilio del país vecino se quedó junto a su hermano hasta que finalmente pudo regresar a una España destrozada y hambrienta.

Por su falta de estudios, su único acceso al campo laboral era la posibilidad de entrar a formar parte del servicio de una familia seria. Tuvimos la suerte de que viniera a parar a nuestra casa y así poder disfrutar del cariño que ella nos podía dar, ya que para Julia nos convertimos en las hijas que hubiera deseado tener con su esposo, si aún hubiera estado vivo.

Llevaba más de dos años al servicio de mis padres cuando yo llegué a este mundo, un 2 de junio, cuando las campanas repicaban al son del Ángelus. Ella fue la primera que me tomó en sus brazos para poder limpiarme los restos de líquido amniótico adheridos a mi piel.

Al contrario de mi hermana, que había nacido en una clínica privada de Reus, nací en casa. Mi padre decidió que yo naciera en el seno del hogar para no volver a pasar el mal trago ocurrido anteriormente con el parto de mi hermana. Estábamos en la España profunda, maltrecha tras una cruenta guerra entre hermanos y vecinos, en la que la Iglesia controlaba de manera despótica a todos sus conciudadanos. Cuando mi madre estaba a punto de dar a luz a mi hermana, el párroco del pueblo se atrevió a decirle a mi padre que si había algún problema, la vida del *nasciturus* debería prevalecer ante la vida de la madre. Mi padre quedó horrorizado por dicho mandato y se atrevió a decirle al representante de la Iglesia que para él lo primero era la vida de su esposa y no la del que tenía que venir, que aún no existía.

Julia gozaba plenamente de la confianza de mis padres, ya que nos dejaban a su cargo mientras ellos viajaban por toda Europa para supervisar las diversas fábricas que se hallaban bajo su control. Ella se ocupaba de que no faltase nada en casa y de llevarnos al médico cuando era necesario. Cuando enfermábamos se quedaba al pie de nuestro lecho para cuidarnos y vigilar nuestro sueño. Durante los largos periodos de ausencia de mis padres, ella era la responsable de que no nos ocurriera nada y de la administración de la casa.

De ella recibimos todo el cariño que pudimos recibir durante el tiempo en que transcurrió nuestra infancia y se hizo extensivo hasta nuestra adolescencia.

A ella podíamos recurrir para buscar el apoyo necesario que colmase nuestros deseos y apaciguase nuestros temores infantiles. En el despertar de nuestra inocencia, encontramos en ella a una poderosa aliada cuando nos protegía de la ira de nuestro padre, al retirar las ollas que él había colocado junto a la puerta de entrada de nuestra casa de verano para poder controlar nuestra llegada nocturna; Julia se apostaba en la ventana y al vernos llegar las retiraba y las colocaba de nuevo cuando ya estábamos dentro, con el fin de protegernos de la ira paterna... La pobre pensaba que así podría engañar a mi padre.

Éste, como persona liberal que era y en contra de la costumbre local de la época, desde temprana edad nos dejaba salir en las noches estivales, pero con la condición *sine qua non* de que nuestra vuelta debía ser antes de las doce de la noche. Ello provocaba que fuéramos la envidia de todas las jóvenes que frecuentábamos en aquella época y que no tenían un padre tan permisivo con los horarios de llegada en las salidas festivas... Aunque también produjo algo no tan agradable y de lo que no pude percatarme hasta más tarde. La frontera que separa la envidia de la crítica es tan frágil, que lo que obtuvimos gracias a la libertad concedida por nuestro padre fue el rechazo de la sociedad de aquel entonces.

La moral de aquellos años no era la misma que podemos apreciar normalmente hoy en día. Eran los comienzos de los años sesenta. Nos hallábamos rodeadas por un entorno social medio-alto, con deseos de modernidad. Llevaban a sus hijos a una escuela extranjera para que recibiesen una educación que les facilitase la integración europea en un futuro cercano. Las ansias de poder sentirse intelectualmente al otro lado de la frontera no impidieron que sus profundas raíces, en cuestión de la libertad sexual, salieran a flote con la educación de sus hijos. En consecuencia, mi hermana y yo no éramos un buen ejemplo, ni unas personas gratas, ya que sus pobres vírgenes podían verse salpicadas o mancilladas por nuestra cercanía. ¡Menuda estupidez!... No se dieron cuenta de que al estigmatizarnos de esta forma sólo consiguieron que sus puras vestales aprendieran las artes de la hipocresía, siendo ellos las propias víctimas en su relación familiar.

La invasión de la hipocresía, como definición de un comportamiento humano, hizo mella en mí repentinamente, trazando una profunda herida en mi corazón que dejó al descubierto la fragilidad de mis sentimientos. Aún no me he podido desprender de esta terrible sensación de marginación de aquellos años.

El hecho de pertenecer a otra etnia y disfrutar de distinta educación hacía que a veces fuera deseada y otras despreciada. Para los jóvenes de los años sesenta yo podía ser muy atractiva, ya que era la imagen palpable de lo que ellos estaban intentando ser, frente a la oposición de los poderes públicos de la época. Era la eterna lucha del «deber ser» frente al «es ser». Yo formaba parte de aquel mundo censurado al cual ellos podían acceder dificilmente. Envidiaban la facilidad con la que yo podía obtener toda aquella literatura que anhelaban leer y trataban de retener para sí los libros que yo les dejaba. El título que en más ocasiones tuve que comprar fue *El extranjero,* de Albert Camus, ya que jamás me era devuelto por quien lo había leído.

Otros envidiaban cosas más banales, como podían ser los discos de música moderna que mi tío de Cannes me compraba cuando le visitábamos o los vaqueros Lee, mocasines de color burdeos y camisetas con mensajes estampados de la *nouvelle vogue* que mi madre me traía de sus viajes y que yo lucía con el orgullo de la reivindicación juvenil.

En aquel entonces yo no podía entender que todo aquello fuera la base de la nefasta relación con los pares de mi tiempo, hasta tal punto que hoy en día prevalece mi desconfianza ante cualquier inicio de relación humana.

Volviendo a la influencia ejercida por Julia en nosotras, su trato fue nuestro único vínculo con la triste realidad del tiempo que nos tocó vivir en aquella España franquista, con la que ningún país extranjero quería relacionarse a excepción de aquellos que sólo pretendían sacar provecho para sí mismos.

Cuánto añoro la sensación de absoluta protección que emanaba de aquella pequeña gran mujer. Ella ocupó una importante parcela olvidada por mi madre: el simple cariño...

A su manera, un poco hosca por su origen del campo aragonés, intentó darnos toda la orientación posible para poder defendernos de los malos tragos que nos podíamos encontrar en el trato con los demás. Desconfiada hasta la médula, supo cómo hacer que su semilla germinara en mí, y esto ha sido lo que realmente me ha impedido a lo largo de estos años pasados de caer en las redes insidiosas de la mayoría de las personas con las que me he relacionado.

Llego a la conclusión de que hoy forman parte de mí todas estas mujeres que a lo largo de los años han sabido cómo modelar e influenciar la base de mi carácter final y la forma de desenvolverme por este árido terreno que es la vida. De cada una de ellas llevo un recuerdo que se hace palpable a diario, que no permite que las relegue al olvido y que a su vez impide que yo muera.

II

A MEDIO CAMINO

La etapa de la preadolescencia, en su inicio, se desarrolló de una forma vaga a excepción de los primeros escarceos amorosos cuyos resultados fueron decepcionantes, haciendo sólo mella en mí el recuerdo de los veranos transcurridos al borde del mar.

Mis padres habían adquirido un apartamento en un pequeño pueblo de la costa, desconocido para muchos y que más tarde se convirtió en una zona turística muy frecuentada por indeseables, que la mayoría de las veces se hallaban bajo los efectos de los efluvios de Baco. Por aquel entonces era una pequeña villa costera, apenas descubierta por cuatro turistas de alto nivel y que sólo frecuentaba gente sencilla, cuya cultura catalana se hallaba firmemente arraigada en sus costumbres. Anclada en el centro de una gran cala, mostraba unas pequeñas casas blancas, a través de cuyo pequeño jardín se accedía a una tórrida y gruesa arena, que se hacía eterna hasta alcanzar la orilla del mar de un azul intenso. A él nos lanzábamos para poder aliviar la terrible quemazón de nuestros castigados pies, tras el largo camino sobre una abrasadora arena.

El único divertimento que se podía encontrar en aquel apartado lugar se hallaba en la encrucijada de la carretera que discurría por toda la costa, uniendo los pueblos costeros entre sí. Se trataba de una cafetería cuya frecuentada terraza se cernía al borde de la calzada, muy poco concurrida en aquella época. Con el paso de los años se convirtió en el lugar de encuentro para muchos jóvenes. Esto provocaba que nuestra imaginación se volcara en la búsqueda de algo más emocionante que llenase las horas del atardecer y, francamente, lo conseguíamos.

Nuestro pequeño apartamento se hallaba situado al extremo sur del pueblo y aún recuerdo el camino al partir en busca de las posibles aventuras que el azar me depararía. Es curioso, pero no guardo recuerdo en mi mente del camino de regreso.

A él nos llevaban al comienzo de la temporada estival para pasar los meses del verano hasta que el periodo de las tormentas nos impidiera acudir a la playa. El primer año mis padres se quedaron con nosotras pero los años siguientes sólo estuvimos al cargo de Julia. Por lo menos eso es lo que guardo en mi memoria.

Recuerdo que, una vez cargado el coche con todas las maletas y una cesta llena de vituallas que servirían para calmar nuestra hambruna durante el trayecto, emprendíamos la gran aventura que suponía el arriesgarse a circular por aquellas carreteras de principios de los sesenta. Mi padre se sentaba en el asiento del conductor de un coche, marca Citroën, de color negro, que a mí me recordaba —no tengo claro el porqué— a un coche fúnebre. A su lado, en el lugar destinado al copiloto, tomaba asiento mi madre. En el asiento de atrás nos sentábamos mi hermana y yo. Por razones de seguridad, cada una se situaba en un extremo, lo que nos permitía disfrutar del goce de las ventanillas traseras (que, a la vez, cumplían la labor de calmar nuestras náuseas, al sentir el viento contra nuestras mejillas). Entre las dos se sentaba Julia, como si de una barrera infranqueable se tratara, para evitar que naciera cualquier asomo de conflicto entre nosotras.

El trayecto duraba casi todo el día, ya que debíamos hacer pequeñas paradas en el arcén para poder cubrir nuestras pequeñas necesidades. Una vez dejábamos atrás Barcelona, la carretera comenzaba a contonearse hasta llegar a nuestro punto de destino. Esto provocaba que el mareo atacase a mi hermana casi siempre, y mi padre se veía obligado a parar el automóvil al borde de la carretera para que ella pudiese expulsar hasta la más mínima insinuación del desayuno ingerido unas pocas horas antes.

Cuando finalmente llegábamos al bosquecillo de pinos que se alzaba frente al apartamento, descargábamos todos los bártulos que habíamos acarreado en la baca instalada en lo alto del coche para, finalmente, subirlos por unas estrechas escaleras que conducían al ático del edificio, donde se hallaba nuestra morada estival.

Era de pequeñas dimensiones, pero suficiente para nosotras. Mis padres no solían permanecer demasiado tiempo en él y, a los pocos días, tomaban el camino de regreso dejándonos al cuidado de Julia. Aquellos veranos fueron los mejores de mi vida. En ellos pude vivir diversas experiencias y aventuras tanto agradables como desagradables.

Fue en uno de ellos cuando comencé a fumar. Bajo el yugo de esta perniciosa droga estuve sometida durante cuarenta años y aún lo añoro y deseo. Realmente no sé cómo empecé, pero puedo imaginármelo. Supongo, que como todos los jóvenes, quería aparentar una seguridad en mí misma de la que realmente carecía y el fumar me debía dar la anhelada sensación de aplomo necesaria para poder frecuentar ambientes dispuestos para personas de mayor edad. Era el típico comportamiento de alguien inmaduro, que más tarde se tornó en una mezcla de placer como premio a un trabajo bien hecho y muchas veces no aplaudido. El tabaco fue el amigo que supo calmar mis momentos depresivos, el que supo conciliar las situaciones conflictivas y el que me dio la fuerza suficiente para poder superar los miedos aparecidos antes de enfrentarme a las duras pruebas que la vida nos tiene reservadas para que no nos durmamos en los laureles. Jamás gocé de él después del acto amoroso. Nunca pude entender esta necesidad que tantos afirman.

En nuestro primer verano, conocimos en la playa a unas parisinas. Eran dos chicas sofisticadas, un poco más mayores que nosotras. Vivían en una bonita torre que se hallaba en nuestro camino de paso a la playa. Una era morena y la otra rubia. De esta última no guardo recuerdo alguno, ya que sólo era la acompañante de la otra, que veraneaba en aquel lugar desde hacía ya un tiempo. No recuerdo su nombre. Era una joven típicamente parisina, y sus ojos verde esmeralda destacaban sobre el fondo dorado de su piel. Enmarcaba su rostro triangular una larga melena ensortijada que siempre llevaba recogida en la nuca en forma de moño o cola de caballo.

Recuerdo la admiración que sentíamos por su desparpajo: lucía escuetos biquinis que dejaban al descubierto sus atributos femeninos ante los ojos curiosos de los jóvenes del lugar. Le pusimos el mote de la Ferrari por el simple hecho de que su padre tenía la representación de dicha marca en Francia. Ella nos presentó a su grupo de amigos, compuesto por todo tipo de jóvenes de distintas procedencias. Entre ellos se encontraba una pareja de hermanos que solía pasar todo el verano al otro lado de la gran cala.

Fue la primera vez que entré en relación con una auténtica familia catalana. Vivían en una pequeña casa en lo alto de las rocas que rodeaban la cala mayor. Se accedía a ella por un camino que bordeaba el acantilado y que desembocaba en un pasadizo. Era una casa sencilla al igual que la familia que la habitaba. El padre y la madre formaban una pareja encantadora, dispuesta a tener siempre en casa a los amigos de sus dos hijos. Del aspecto físico del padre tengo un claro recuerdo. Poseía unos preciosos, grandes y bondadosos ojos de color avellana que exhalaban ternura en todas sus expresiones. Jamás lo vi enojado con nadie. De los rasgos de la madre no guardo recuerdo alguno, pero sí del gran amor que profesaba a sus hijos, que a su vez la adoraban.

Fue la primera vez que pude observar lo que era una familia unida. Daba la sensación de ser perfecta, de poseer el secreto de la auténtica felicidad. Al verlos tuve el deseo de alcanzar, como mínimo, el mismo grado de nirvana que ellos habían logrado.

En aquella época yo pensaba que era mérito del empeño de uno, que se podía conseguir sólo con desearlo. Jamás se me cruzó por la cabeza la idea de que era la labor y el resultado del deseo inmortal de su amor.

Los hijos, varones los dos, eran como la noche y el día tanto en su físico como en su personalidad. Lo único que tenían en común era una mirada que desbordaba honradez por todos sus ángulos. El mayor era alto, moreno y bello como un adonis. Cultivaba su cuerpo para hacerlo aún más perfecto, pero su alma no era narcisista. Su rostro siempre se hallaba iluminado por una cálida y alegre sonrisa. A su paso todas las jóvenes suspiraban por permanecer en sus corpulentos brazos, aunque fuera un solo instante. El hermano pequeño era de menor estatura y de menor belleza, pero no por ello menos atractivo. Su fuerza emanaba de una penetrante y profunda mirada que desnudaba el alma de su interlocutor, quienquiera que fuese. Con ellos, las salidas en busca de aventuras se hicieron cada vez más interesantes. Tenían gran imaginación. De la situación más tonta podían sacar cosas extraordinarias.

Recuerdo una noche. Todos debíamos reunirnos en su casa, y de allí partiríamos para investigar e intentar penetrar en la casa de la Loca. (Nunca supe a quién pertenecía realmente la casa en cuestión ni a qué se debía tal apodo.) Íbamos bien pertrechados para la ocasión, previendo cualquier imprevisto que se pudiera presentar. Cerca de las doce de la noche tomamos el camino que nos debía conducir hasta el acantilado. Habíamos tenido suerte con el tiempo, en el cielo nocturno brillaba una enorme luna de verano que alumbraba el suelo por donde pisábamos. El sendero serpenteaba entre los arbustos y los pinos que provocaban sombras fantasmagóricas alrededor nuestro. En el aire se respiraba tensión y cualquier tropiezo hacía que todos nos sobresaltásemos. El hermano menor era el que dirigía la incursión, que casi rozaba lo prohibido. Los demás lo seguíamos muy juntos en fila india y cerrando la marcha se hallaba el hermano mayor. Al llegar junto al acantilado oímos el romper de las olas y la brisa nocturna nos trajo una humedad salina que me dejó toda la piel pegajosa.

Para llegar a la casa de la Loca debíamos adentrarnos por unos túneles excavados en la roca que formaban un largo pasadizo a lo largo de la costa y que los contrabandistas habían abierto años atrás para tratar de desembarcar el tabaco en las calas apartadas, a las cuales sólo se podía acceder por mar. Durante el día era muy agradable pasear por el túnel. A pesar de tener muchos recovecos y zonas sombrías, al seguir la línea de la costa se hallaba iluminado por los rayos del sol. Penetraban por unas aberturas hechas en la pared que miraba al mar y de donde partían unas escaleras excavadas en la roca por las cuales se accedía al mar tras un largo y empinado descenso. Pero por la noche era otro cantar, se convertía en algo oscuro y tenebroso. Parecía que la roca se nos fuera a tragar. Era tal la ausencia de luz que tuve la sensación de estar en el vacío absoluto, lo que me provocó una sensación angustiosa de falta de oxígeno. Habíamos traído con nosotros unas antorchas para alumbrarnos, pero desgraciadamente la mayoría de ellas no alumbraba lo suficiente.

No recuerdo la posición que ocupaba dentro de la apretujada columna que habíamos formado, pero en un momento determinado me encontré de repente con que ya no podía tocar la espalda del que me precedía. Seguí avanzando de manera atropellada y finalmente me percaté de que me hallaba sola en medio de aquella negrura. Mientras intentaba orientarme, escuchando las lejanas voces de mis compañeros, noté de pronto cómo algo gélido me rozaba el brazo y cómo el soplo de un aliento se cernía sobre mi cuello. Fue tal el pánico que me asaltó, que empecé a correr de una forma alocada en busca de la luz y no sé cómo salí por una de las aberturas que se abrían al mar y me quedé acurrucada en una roca hasta que uno de los hermanos me encontró allí, alumbrada por los rayos lunares. Más tarde comprendí que todo había sido una broma que los dos hermanos habían planeado para el resto de la pandilla. No sé si los demás lo supieron, pero nadie demostró enfado alguno, ya que habíamos vivido una aventura que recordaríamos toda la vida y que nos uniría para siempre. Aunque no nos volviéramos a ver nunca más, en nuestras mentes siempre quedaría viva la imagen de cada uno de nosotros, como si de una fotografía se tratara.

A pesar de que en aquel tiempo no me pareció así, aquellos veranos fueron los mejores que he vivido. No es que desee volver a vivirlos, pero sí lamento no haberlos sabido valorar a su debido tiempo. Tuve la gran suerte de vivir unos años carentes de malicia, en los que la vida no dejó en mí herida alguna. Estaba en el umbral de lo que sería mi vida futura y tenía demasiada prisa por adentrarme en ella, sin ser consciente de que con ello perdería toda mi inocencia al enfrentarme a la cruda realidad que era la vida de adulto. Típico error de adolescente el pretender entrar cuanto antes en el estadio adulto, sin apenas tomarse el tiempo suficiente para poder llenar sus alforjas para tan dura tarea.

Es lamentable cómo la mayoría de los adolescentes actúan de igual manera. Se creen suficientemente capaces de enfrentarse a un mundo para el cual aún no están preparados. Al igual que otros, yo cometí el mismo error. Me creí lista para nadar en las turbulentas aguas de la vida y permanecer a flote en ellas. Pronto descubrí mi gran equivocación pero ya no podía dar marcha atrás.

Al ser una persona sumamente romántica —ya que la única información que yo tenía sobre las relaciones entre distintos sexos provenía de las numerosas novelas de amor leídas—, caí, en repetidas ocasiones, en la trampa del engaño amoroso. Todo ello me produjo una sensación de frustración y desamparo que despertó en mí el ansia de sentirme amada, algo que creo que en realidad jamás conseguí. Con el paso del tiempo puedo entender que lo sucedido con mi vida amorosa no se debía únicamente a que yo estuviera rodeada sólo de depredadores.

La educación recibida —demasiado avanzada para los jóvenes españoles de los sesenta—, unido a un físico distinto al de las chicas de la época y apoyado por una forma provocativa de hablar y vestir, hizo que sólo se acercara a mí gente carente de seriedad hacia mi persona. Me volví más contestataria y algo agresiva, lo que provocó que mi padre decidiera enviarme una temporada a un internado de señoritas. Supongo que fue para que me alejara de posibles malas influencias y de paso me convirtiera en una perfecta señorita. Aquel pensionado se hallaba repleto de jovencitas provenientes de distintas partes del mundo. Desde la hija de un presidente de Estado centroamericano, princesas de la lejana India y chiquillas de buena familia y alto nivel económico oriundas de casi todos los países de la vieja Europa. Entre ellas, unas cuantas futuras amas de casa de rancio abolengo catalán. A algunas de ellas las tenía vistas de Barcelona, aunque no nos habíamos relacionado ya que yo no era vista con buenos ojos por la sociedad a la que ellas pertenecían. Pese a encontrarme en un país extranjero hicieron frente común para seguir evitándome. ¡Ni que tuviera la peste! Menos mal que el resto, a excepción de las norteamericanas, no tuvieron problemas para relacionarse conmigo y, en algunos casos, me tomaron como paño de lágrimas, a las que yo debía consolarlas y apaciguarlas.

Fue cuando aprendí que los seres humanos se dividen en dos grupos: los que hablan y los que escuchan. Por lo visto, como los imanes, los iguales no resultan compatibles en la mayoría de los casos. La adjudicación de cada verbo se hacía en proporción directa al grado de egoísmo de cada uno... No sé si por desgracia o por fortuna, me encontraba entre los que sólo podían escuchar, ya que si me empeñaba en hablar, al poco tiempo no tardaba en encontrarme sin nadie a mi alrededor. A nadie le interesaba mis cuitas o, por lo visto, yo no sabía encontrar a alguien que pudiera perder un poco de su valioso tiempo en atender lo que yo tenía que decir.

Con los años, esto provocó que poco a poco fuese alzando la voz para que ésta fuese oída. En eso me equivoqué enormemente. Para el ser humano, la voz externa es sonido y la interna es pensamiento, dolor, alegría, amor. Su capacidad auditiva es muy sensible para la voz externa y totalmente sorda para la interna. En consecuencia, poco a poco y con el paso de los años, me he ido quedando sola, encerrada en mi mutismo, ya que de nada servía que intentase hablar, puesto que a nadie le interesaba lo que de mi boca pudiera surgir.

El sacrificio que genera el pertenecer al grupo de los que sólo deben escuchar se halla compensado por la capacidad creadora que este grupo posee: a través de ella pueden sacar al exterior su voz interna. Pobres de aquellos que no la poseen, ya que podrán caer en una profunda depresión al verse marginados de tal manera y relegados a ahogar su voz. Pobres también los que sólo hablan, ya que quedarán sumergidos dentro de su propio egoísmo, que es el que no les deja escuchar. Al carecer de la capacidad de escuchar se perderán toda una serie de conocimientos importantes y gratuitos, de los cuales no podrán sacar provecho para su progreso personal. Es lamentable que el hombre no pueda hacer las dos cosas al mismo tiempo o si no, de una forma alternativa. Yo creo que si nos lo propusiéramos o nos lo enseñaran desde nuestra infancia, como si de una materia escolar se tratara, conseguiríamos saber hacer bien las dos cosas y así obtener un mejor nivel como personas.

Durante mi estancia en el internado, aparte de conseguir muy pocos conocimientos más de los que ya había adquirido gracias a las enseñanzas de mis padres, engordé de forma desmesurada.

Como nos daban la comida en proporciones nimias, me inscribí a un cursillo de cocina, y el primer día de asistencia engullí casi un kilo de carne de la *fondue bourguignon* que habíamos preparado en la clase. Esto era lo bueno de aquel curso, comíamos de maravilla. Nada que ver con los tres sofisticados pero escasos refrigerios con los que nos honraban cada día, servidos en bandeja de plata. Para mi desgracia, allí me inicié en el hábito del buen comer que hizo que mi paladar se volviera cada vez más exigente con el paso de los años, y que le cogiera gusto al arte culinario.

Cuando mi madre vino a buscarme para llevarme de regreso a España se quedó boquiabierta al verme bajar a su encuentro por la escalinata de piedra que me llevaría de regreso al hogar. Mi madre, que no soportaba a las personas orondas, se encontró de repente con que le habían cambiado a la hija esbelta que dejó en su día por una valquiria percherona. A nuestra llegada a Barcelona todo volvió a la rutina anterior ya que nuestra cocina era totalmente mediterránea, a base de verduras al vapor y carne o pescado a la plancha. La imaginación no era patrimonio de la cocina de casa, el menú no se variaba nunca a excepción de los días festivos, cuando se podía comer canelones y pollo de *pagès* y alguna que otra vez la espléndida paella que Julia cocinaba. Poco a poco conseguí que esta rutina cambiara al introducirme de vez en cuando en el santuario de los fogones, para lograr que platos que no constan en la dieta española entraran a formar parte de los mismos y dar alegría a nuestra mesa.

Para tranquilidad de mi madre, volví a recuperar la línea al cabo de poco tiempo.

A finales del mes de octubre mi mejor amiga de entonces me llevó a una fiesta que habían organizado unos amigos suyos. El *party* se organizaba en un estudio de pintor en pleno barrio de Gracia. Se accedía a él por una estrecha escalera poco iluminada, con altos, angostos e inclinados peldaños que dificultaban el acceso al último piso, donde se hallaba nuestro punto de destino. Tras la ascensión, envueltos en un hedor a moho, cruzamos finalmente el umbral que nos permitía pasar al interior de un oscuro, tétrico y sucio espacio con escasos muebles de rancia procedencia. La poca luz que apenas alumbraba aquel lugar provenía de una vieja lámpara colgada en el techo y de la pálida luminiscencia desprendida por la llama de una serie de velas introducidas en vacías botellas de whisky y de coñac.

Al principio el ambiente era algo frío ya que mi amiga sólo conocía a unos pocos, mientras que yo no conocía a nadie. El grupo de amigos estaba compuesto por cinco estudiantes de diversas facultades: Arquitectura, Derecho y Medicina. Era un extraño grupo. Eran tan diferentes entre sí que se hacía inconcebible que pudieran relacionarse adecuadamente. Pertenecían a distintos tipos de familias pero todos de clase media.

Lo que jamás llegué a entender es que, siendo todos catalanes, nunca hablasen en catalán entre ellos, por lo menos delante de mí. Esto ocurría en aquella época en el seno de casi todas las familias catalanas que yo frecuentaba.

Dentro de aquel grupo de amigos, tres eran de porte campechano y miembros del mismo club de judo. Los otros dos restantes eran mucho más sofisticados y no se entendía qué hacían en aquel lugar, pero posteriormente lo entendí.

Uno de los tres estudiantes de Medicina destacaba por su elegante porte y su cuidada vestimenta, que chocaba enormemente con la estética del lugar. Muy pronto me informaron de que aquel altivo joven rubio de gélidos ojos azules, al que llamaban el Altísimo, se hallaba en plena convalecencia sentimental por la reciente ruptura con su novia. Ella le había abandonado. Había quedado muy herido por el comportamiento de la joven en cuestión. Años más tarde, él mismo me comentaría que la realidad había sido otra. Que había sido él quien había provocado que su novia le dejase por otro compañero de estudios, al no decirle, hasta el último momento, que no pensaba ir con ella al viaje de fin de curso que la facultad organizaba a la romántica Ciudad de la Luz. Y, claro, allí surgió el amor de la novia despechada hacia el que luego se convertiría en su esposo.

Pero esto pertenece al futuro y en él podremos encontrar un significado para este tan insólito comportamiento.

Debía de estar tan herido y molesto con las mujeres que se metió sin tardanza con nuestra forma de vestir. Encontré francamente estúpida su forma de actuar y mi mirada se dirigió hacia el estudiante de Derecho.

Era un joven apuesto de cabellos azabache, poseedor de unos ojos color verde que, unidos a sus facciones, proporcionaban a su rostro los rasgos de un gato. Me sentí atraída por él y, lógicamente, pasó lo que tenía que ocurrir. Comenzamos una tempestuosa relación que al fin desembocó en una ruptura por mi parte, harta de su obsesiva, especial y angustiosa personalidad.

Cuando yo iniciaba una relación sentimental con alguien del sexo contrario era como si lanzara una moneda al aire y esperase que saliese cara. Pero siempre acababa, más tarde o temprano, enseñando cruz. Su vertiente opuesta estallaba siempre como si de una bofetada se tratase, dejándome la tremenda sensación de que había algo en mí que atraía al lado opuesto de la masculinidad. Con anterioridad, y en varias ocasiones, ya me había encontrado en la misma situación, pero no reparé en la complejidad de tal hecho hasta mucho más tarde. Esto provocó que, durante los siguientes años, solamente me preocupase por divertirme y evitar relaciones con posibles personajes que aún no habían descubierto la necesidad imperiosa de salir del armario, así que me dediqué a frecuentar distintos grupos de amigos, entre ellos el grupo de estudiantes de Medicina.

No recuerdo cómo ocurrió, ni en qué momento, pero empecé a cultivar una amistad con el llamado Altísimo. Con él inicié la andadura de una buena relación de compañerismo que, con el tiempo, se convirtió en algo más. Tengo un vago recuerdo del momento en que cambiaron nuestros sentimientos, cuando dejamos de ser amigos para pasar a ser amantes.

Dicho estallido tuvo como consecuencia la gestación de nuestra primera hija e hizo que se precipitara la conclusión de nuestra «empresa matrimonial», con la consiguiente aceptación y firma del consabido contrato ante el párroco de un pequeño pueblo, y un no muy reducido número de invitados por ambas partes. Aquel día pasó para mí como una exhalación.

La noche anterior habíamos organizado en casa de mis padres una gran fiesta, como despedida conjunta de solteros. A ella acudieron todos los amigos que no podrían acudir a la ceremonia eclesiástica y al convite. Acabamos a las tantas de la madrugada y, después de dormir sólo dos horas, me levanté para dar inicio a aquel día tan decisivo para mi futuro.

Realmente no era consciente del paso que estaba dando. El padrino de boda vino a recogerme sobre las diez de aquella gélida mañana de un 2 de marzo y juntos nos acercamos a la floristería del barrio para comprar el ramo de novia. La florista, que me conocía desde niña, se quedó enormemente sorprendida al enterarse que el ramo de violetas, que yo le había pedido que elaborase, era para mí. Mientras esperábamos, el padrino bromeó conmigo, diciéndome que no me casara y que me fugara con él a Sudamérica. Mientras reíamos me olvidé del día tan poco favorecido —húmedo, gris y gélido—, que parecía estar presagiando mi futuro.

Aquel día, que se suponía el más feliz de mi vida, transcurrió fugazmente y de él pocos recuerdos conservo. En un abrir y cerrar de ojos había dejado atrás la adolescencia para adentrarme en un mundo que no dejaría de sorprenderme hasta el día de hoy.

Nadie me había explicado cómo era la vida de adulto y, menos aún, cómo era la vida de una mujer casada. De pronto me encontré unida a un hombre del que estaba profundamente enamorada y al que suponía con iguales sentimientos hacia mí. Por desgracia pronto empecé a darme cuenta de que la vida matrimonial no era el lecho de rosas que yo había creído.

La obligada integración de la mujer en la vida laboral y el cada vez mayor acceso de la misma a carreras universitarias después de la última gran guerra produjeron una fuerte desorientación y falta de información en las mujeres.

Una gran parte de ellas, nacida después de los años cuarenta, fue educada dentro de la euforia del cambio que presuponía un estilo diferente de formación y aceptación en el nuevo sistema social surgido bajo la influencia de la fuerza de la democracia.

Esto provocó que esas mujeres llegaran al matrimonio totalmente desprotegidas, ya que carecían de las habilidades anteriores para navegar en sus turbulentas aguas. En cambio, estaban provistas de ideas sumamente innovadoras que, de entrada, parecían ser compartidas y aceptadas por el sexo opuesto, que en realidad se sumaba a la ficción social de la época.

Por desgracia, yo pertenecía a este grupo de mujeres que tuvo que silenciar su voz al exterior en aras de una mediocre pero soportable convivencia.

Nos habían educado en la creencia de que podíamos ser iguales al hombre, que nuestra voz se podría escuchar con la misma fuerza, y que nuestras ideas tendrían las mismas oportunidades para ser aceptadas o por lo menos tenidas en cuenta. Craso error el nuestro, o por lo menos de los que intentaron que la posición social de la mujer cambiara, poniendo sobre nuestros hombros una penosa carga difícil de sostener.

Como tantas otras, yo entré en la vida matrimonial como una perfecta estúpida. Había perdido la sabiduría de mis ancestros y pretendía ocupar un lugar reservado para mis descendientes.

Llego a la conclusión de que nosotras fuimos las grandes sacrificadas de nuestra época y que ahora, precisamente en la actualidad, cansadas de permanecer en el anonimato, salimos al exterior para declarar a voz en grito nuestro pensamiento, ahogado en el mar de nuestra resignación. Muchas de nosotras sólo servimos para engrosar la esperpéntica fila formada por las mujeres asesinadas por sus propios maridos. Hombres que se suponía, tal como habían prometido ante el altar años antes, debían protegerlas, honrarlas, respetarlas y cuidarlas hasta que la muerte los separase. Hombres en los que ellas habían depositado todo su amor y confianza, sin sospechar que de sus manos amadas podría partir un final tan violento para ellas.

Volviendo al día de mi boda, tengo que decir que a pesar de la suculenta comida, que apenas probé, todo transcurrió tan rápidamente para mí, que cuando llegó el anochecer casi no me había percatado del paso del tiempo. El vago recuerdo que tengo de él se asemeja a una película de cine mudo. Sus imágenes pasan ante mi mente como una cadena de *flashes* sin sentido ni orden dentro del más puro silencio. Era consciente de que la gente conversaba entre sí pero no recuerdo nada de sus palabras. Era como si yo estuviera sorda. Sólo tengo la sensación de frío y de soledad.

Pasamos la noche en un hotel de la ciudad y, a la mañana siguiente, nos fuimos unos días de viaje hacia el sur, con tan mala suerte que empezó a nevar en lugares en los que nunca antes lo había hecho. El mal tiempo y el frío, agravados por mi reciente estado gravitatorio, hicieron que la supuesta luna de miel se convirtiera en el preludio de lo que sería nuestra vida futura.

Nuestra relación comenzó a cambiar poco después de contraer matrimonio, pero yo no le di importancia. Pensé que era la respuesta a mi cambio de físico y de carácter debido a mi embarazo.

Vivíamos en un pequeño apartamento que sus padres poseían al sur de Barcelona y que nos habían alquilado por una módica suma. Lo habían decorado con lo imprescindible, pero todo ello con buen gusto. Era de pequeñas dimensiones, suficiente para una pareja de recién casados. A pesar de ser un primer piso, se hallaba a pie de jardín, lo que me provocaba un miedo atroz cuando me quedaba sola, que era lo habitual. Todo ello agravado por la falta de vecindario, ya que, a excepción de los tres meses de verano, los dos bloques de pisos se hallaban totalmente vacíos, al igual que prácticamente todo el resto de edificaciones del entorno. Al estar a unos veinte kilómetros de distancia del lugar de trabajo de mi marido, él se iba por la mañana y no regresaba hasta muy tarde por la noche, a excepción de los días que debía hacer guardia en los diferentes hospitales en los que estaba cursando las prácticas de su especialidad. Cuando esto ocurría, mi temor se hacía insostenible. Me pasaba toda la noche oyendo el crujir de aquel edificio vacío y frío hasta que el alba despuntaba.

Todo cambió cuando recibimos un tardío regalo de boda de los compañeros de estudio del novio. Se trataba de un pequeño cachorro hembra de pastor alemán, al que llamamos *Fosca*. El primer día que ladró fue todo un acontecimiento en el barrio. De ella guardo un grato e imborrable recuerdo. Consiguió que poco a poco dejara de tener miedo, y también fue la responsable de que siempre, a lo largo de mi vida, tuviera un can a mi lado. A lo largo de los años, su estirpe ha continuado, más o menos, en los perros que han ocupado un lugar en mi corazón. Su personalidad tan humana ha ido traspasando la barrera de los años al hacer mella en sus descendientes. Muchas veces, cuando los miro a los ojos, creo ver su espíritu en ellos.

Cuando nació mi primera hija, toda la familia tuvo miedo por la reacción de la perra ante su llegada, pero ella los dejó asombrados al actuar como una madre para la niña. Era tal la devoción que se tenían la una a la otra que, cuando la pequeña empezó a gatear, se acurrucaba entre las patas del animal para luego dormirse plácidamente, mientras *Fosca* permanecía inmóvil para no molestar su sueño. Quería tanto a mi hija que cuando parió a sus ocho crías dejó que la niña se acostara junto a ella mientras amamantaba a los cachorros. Cuando murió, justo al cumplir tres años, fue como si el mundo se rompiera. Lloré amargamente su pérdida durante mucho tiempo. Aún ahora, cuando la recuerdo, las lágrimas asoman por mis ojos y mi pecho se encoge de dolor. Cuando esto ocurre, su muy lejana descendiente viene hacia mí para consolarme y lamer las lágrimas que fluyen de mis ojos. Por suerte tuve que ocuparme de su hijo e hizo que, poco a poco, mi vida volviera a una normalidad, pero distinta sin ella.

Es curioso. Ahora que lo pienso, la muerte de las personas me afecta menos que la de mis perros y sobre todo mis dulces perras.

Eso no quiere decir que no sienta nada por los humanos, pero creo que estoy más vinculada emocionalmente con cierto mundo animal que no pertenece al *homo sapiens*. La razón de ello la podemos encontrar en que el can, aun siendo llamado «animal irracional», es más racional que el «animal racional» al que pertenece el género humano. Siempre he encontrado en ellos a un fiel aliado, devoto, sumiso, sin perder por ello su libertad. Su amor es incondicional e inmortal, no es efímero como el de la mayoría de los humanos. No te exige más de lo que tú le puedas dar y cuando lo recibe te lo devuelve con creces. Es un amigo silencioso, que está siempre cuando lo necesitas. No le hace falta hablar, ya que con su mirada lo llena todo de amor y comprensión.

¡Ah! Si el humano pudiera parecérsele sólo un poco, el mundo sería completamente distinto.

En aquel pequeño apartamento de playa sólo estuvimos un año. Era muy difícil hacer la compra diaria, ya que alrededor no había establecimientos adecuados y cada vez que debía acudir a Barcelona el trayecto en autobús se hacía interminable. Yo había aportado al matrimonio un seiscientos, típico coche de los años sesenta, pero quien lo usaba era mi marido para acudir a sus clases y a su trabajo.

En aquel primer año tuve que acostumbrarme a lo que sería mi vida para siempre, una vida llena de soledad y silencios. En aquel momento, pensé que todo se debía a la distancia que había entre el apartamento y la ciudad.

Había llegado al altar totalmente segura de que nuestra unión sería perfecta, ya que al mediar una gran amistad entre nosotros siempre prevalecería ésta ante cualquier problema que pudiera plantearse. Me equivoqué totalmente. Mi error se basó en la absurda creencia de que ambos teníamos la misma sintonía. De esto me doy cuenta ahora, pero entonces estaba en la inopia total.

Permití que el silencio ocupara cada vez más espacio en los escasos momentos en los que podíamos conversar. Acepté que ello se debía a la necesidad de relajar las cuerdas vocales de mi pareja después de un largo día de uso continuado. Cuando yo le preguntaba cómo había transcurrido su jornada, me respondía que estaba agotado de hablar todo el día y que lo dejara descansar.

Poco a poco, lo que había sido en un principio una relación de igualdad, dejó de serlo. Lentamente, sin darme casi cuenta, mi personalidad fue absorbida por mi nuevo estado jurídico. Lo que antes había sido una pareja de amigos, o así creía yo, fue dejando de serlo y pasé a formar parte de las largas filas del desamor.

Repito que llegué al matrimonio con una gran falta de información y con la prepotencia del saber de la incipiente incorporación de la mujer al estado de la igualdad.

Las mujeres de nuestra época forman parte de una generación perdida, ya que se hallan justo en el umbral del gran cambio.

Un cambio que sólo ha generado problemas ya que el macho de especie humana no ha sabido asimilarlo. Es comprensible que haya acontecido de tal forma. Durante cientos de años el poder sólo se hallaba en posesión de la especie predominante del planeta, del macho. En el transcurso de un siglo, ha pasado de ser el rey a tener que compartir dicho poder con la especie inferior de la misma especie, que es la hembra. Esto ha provocado que numerosas mujeres de nuestro tiempo hayan tenido que hacer equilibrios entre los dos estados, el de sumisión y el de igualdad, y ha creado numerosas víctimas que han ido a engrosar las enormes listas de injusticias sociales, laborales, de maltrato físico, muertes que pasan a formar parte de casos judiciales difíciles de resolver, y todos ellos dentro de la inviolable integridad de la santidad del matrimonio.

A pesar de que la mujer intentaba paliar y denunciaba su desigualitaria situación dentro del marco familiar y laboral, siempre se encontraba ante un muro protegido por la ley penal que, hasta hace muy poco, le impedía acceder al principio constitucional que le garantiza una tutela judicial efectiva. Poco a poco los estamentos dominantes van entendiendo la necesidad de permitir el acceso a la mujer a dicho principio constitucional.

III

SOMBRAS EN EL CAMINO

Al nacer mi primera hija, mi vida comenzó a complicarse, debido a que su cuidado me ocupaba casi la totalidad de mi tiempo.

Era una niña preciosa, pero ya desde su nacimiento hizo ostentación de un fuerte y personalísimo carácter: se pasaba prácticamente toda la noche llorando de una forma continuada sin causa evidente que lo motivase. Esta bulla nocturna duró mas de doce meses, con lo que yo llegué al término de su primer año de vida totalmente exhausta. Mi agotamiento era tal que en cuanto me sentaba un momento para descansar, mientras aquel precioso bebe dormía plácidamente, caía en un profundo sueño.

En cuanto pudimos, nos trasladamos a vivir a la gran ciudad. Tuvimos la suerte de encontrar un pequeño piso muy cercano al de mis suegros y lo bastante cerca del de mis padres para que Julia pudiera visitarnos a menudo. Estaba situado en una finca antigua, pero había sido reformado por completo. No pudimos comprar muebles ya que carecíamos de poder adquisitivo suficiente para tal menester. La familia nos cedió los viejos que ya no les servían. No eran bonitos, eran totalmente funcionales, pero con un poco de gracia y muchas plantas conseguí que el ambiente no fuera tan deprimente. Como armarios, me traje de la fábrica de mi padre cajas de embalaje que sirvieron para tal efecto. Fue entonces cuando comenzaron a aparecer los primeros indicios de mi realidad matrimonial.

Mi pareja aún no había terminado la carrera y mientras él preparaba los exámenes en el salón de nuestro apartamento junto a un compañero de curso, yo me veía obligada a permanecer en silencio dentro de nuestro cuarto para no molestarles en su concentración.

Por aquel entonces, mi padre estaba enojado conmigo por haberme quedado embarazada antes del matrimonio y no haberle informado previamente. Esto tuvo una terrible consecuencia: me impidió seguir trabajando para el departamento de publicidad de su empresa y no tardó en retirarme las once mil pesetas de entonces que me pasaba mensualmente como salario.

Fue una dura época, ya que las entradas de dinero eran muy deficientes. La venta de libros a domicilio y los trabajos eventuales como azafata de ferias, las visitas de mi madre con un cesto de víveres y algunas otras cosas hacían que aquellos días fueran más soportables. Pero, en cuanto a la alimentación se refiere… Los alimentos eran tan escasos que recuerdo aquel día en el que, por desgracia, sin querer volqué el contenido de mi plato y, ni corta ni perezosa, recogí los espaguetis del suelo y me los comí sin decir nada. No me podía permitir el lujo de ser remilgada. ¡Cómo había cambiado mi vida en el lapso de dos años! Había pasado de tener a no tener. Y cuando digo *no tener* lo englobo todo. Todo el estado de bienestar al que me había acostumbrado desde pequeña había desaparecido. Lo bueno de la juventud es la fuerza de aguante que se tiene para soportar estoicamente cualquier problema. Siempre queda la esperanza de que aún se tiene mucho tiempo por delante y que todo puede cambiar a mejor.

No recuerdo cómo contacté con un fotógrafo para el que antaño había posado como modelo, y que me proporcionó trabajo en su estudio. Allí me inicié en el arte de la fotografía y en el duro trabajo del laboratorio. A pesar de no recibir gratificación personal alguna por la labor realizada, me permitió retomar el camino del arte gráfico que me permitiría vivir de una forma más desahogada durante unos cuantos años, pero que tuvo como consecuencia que mi marido se acostumbrara a que yo siempre trajese dinero a casa. A pesar de ello, no disfrutábamos de una gran salud económica, lo que hacía que esperase como agua de mayo los regalos que mis padres me hacían, tanto por mi cumpleaños como en Navidad. Con ello me podía permitir comprar ropa para mi hija y regalos para los demás. Mi madre también solía hacerme regalos a espaldas de mi padre que me permitían seguir disfrutando de la comodidad de un buen calzado.

El padre de mi hija, antes de finalizar la carrera universitaria, trabajaba por las tardes como ayudante de su mentor y por las mañanas impartía clases de Anatomía en la facultad de Medicina como ayudante del catedrático de esa especialidad. El poco dinero que percibía por ello servía, junto al mío, para que pudiéramos seguir subsistiendo muy precariamente, aunque intentábamos que no quedara patente de cara al exterior. Los pocos amigos comunes con los que aún nos relacionábamos fueron dejando de frecuentarnos. No sé si fue por nuestra falta de medios o, sencillamente, porque no éramos del agrado de los amigos del otro y viceversa. Supongo que su alto nivel de sofisticación les impedía frecuentar a unos pobres como nosotros, capaces de emplear un rollo de cartulina como antena de televisión. Así que fui quedándome cada vez más sola. Cierto es que para tener amigos así más valía no tenerlos, pero la soledad es muy dura y aunque realmente sepas que es una ficción, necesitas pensar que nada ha cambiado en tu vida y que sigues contando con los amigos de siempre.

Nuestra primera separación prolongada se debió al obligado cumplimiento del servicio militar. Como ya había acabado la carrera fue destinado como médico en el hospital militar de una isla en el Mediterráneo. Allí consiguió trabajar en otros dos centros sanitarios dedicados a las urgencias de la isla. Uno atendía a los ancianos y el otro se ocupaba de los problemas ocasionados por el alcohol, el exceso de sol y más cosas a las cuales no estaban acostumbrados los visitantes temporales de la isla. Fue una pena que sus grandes ansias de seguir incorporado al círculo universitario, por la creencia de que así estaría siempre en la cúspide de la ola de los eventos médicos, le impidiera aceptar la oferta de trabajo brindada en aquel trozo de tierra rodeado de un mar azul, que se adentraba en la misma formando unas preciosas calas muy apreciadas en la actualidad y frecuentadas por una serie de personajes variopintos que van desde la aristocracia, a la política, el cine y la prensa del corazón.

La necesidad que tenía de alcanzar la más alta posición en la sociedad hizo que sacrificase la armonía familiar en pro de un sueño, en parte, inalcanzable.

Lo fui a ver una vez. Pasamos unos días juntos a medias, ya que él tenía que acudir al hospital militar en cumplimiento del servicio a la Patria. Entre idas y venidas compartimos algunos ratos, pero yo me sentía extraña. Creo que, sin darme cuenta, empezaba a intuir que algo no funcionaba en nuestro matrimonio, aunque tardaría unos cuantos años en empezar a comprobar los fallos y, aun hubo de pasar alguno más hasta que comencé a aceptarlos. De aquel viaje sólo saqué unas tremendas quemaduras en mi piel debido a las largas horas expuesta al fuerte sol mediterráneo y un terrible desasosiego.

Durante treinta y tres años he intentado que nuestro matrimonio permaneciera a flote, pero mi esfuerzo ha sido en vano. Mi gran error fue la prepotencia, de la que hice gala al pensar que mi inteligencia y habilidad haría que nuestra unión prevaleciera ante todo. ¡Cómo me equivoqué...!

Nunca imaginé que lo que estaba fallando en nuestra relación era la falta de amor y el gran abismo que separaba nuestra concepción de los valores adquiridos. No puedo decir que fuera engañada desde un principio, pero jamás supuse que lo que parecía una fantasía fuera en realidad algo tan tangible y verdadero.

Al casarme, yo pensaba que mi futuro marido, educado en el seno de una familia burguesa catalana y castellanohablante, poseía los mismos valores de relación de pareja que yo poseía. Nada más lejos de la verdad.

Conocía en parte sus pensamientos de libertad, y de ellos yo me hacía eco, pero una vez adentrados en nuestra vida en común pude comprobar que realmente habían enormes diferencias en nuestro ideal de relación de pareja. Me di cuenta de que en muchas facetas de su vida la figura del marqués de Sade ocupaba un destacado lugar. Al principio pensé que se debía a su manía de ser diferente al sistema social establecido y destacar entre los jóvenes de la época. Poco a poco fui entreviendo que no se trataba de una fantasía o pose, sino que realmente se trataba de su personalidad, de su motivación existencial. Lo que antes me hacía gracia, más tarde me produjo desgracia.

Fue una noche de verano, a los dos años de casados, cuando por primera vez me percaté de lo altamente ornamentada que llevaba mi cabeza. Nuestra hija estaba pasando el periodo estival en la casa de verano de mis padres. Al dejarla, yo había pasado unos pocos días con ellos y finalmente bajé a la ciudad para poder estar con mi marido. Lo encontré en un local que frecuentaba mucho, el Taita, en la zona alta de Barcelona, y cuyos parroquianos se conocían casi todos entre sí formando una gran peña.

Era un pequeño local. Su parte exterior estaba formada por una terraza dividida en cuatro o más apartados, a los cuales los asiduos se iban incorporando según llegaban. Era un sistema ideal, ya que nunca te encontrabas solo, siempre estabas acompañado por alguien conocido, que a su vez te presentaba a un compadre suyo. Estaba frecuentado por una mayoría masculina pudiente, lo cual provocaba que el género femenino acudiera al mismo, como abejas a la miel, para ver qué es lo que cazaba.

El que hasta el momento yo creía fiel hizo del Taita su segundo hogar durante el día, ya que por la noche tenía otros locales situados en el mismo barrio. Era más fácil localizarle allí que en nuestra casa. Cuando me senté en el apartado que mi marido ocupaba junto a un nutrido y variopinto grupo sumergido en una alegre charla, pude comprobar por primera y no última vez cómo desarrollaba el arte del encantamiento de la fémina, como si de un pavo real se tratase. Me quedé helada por dentro pero, exteriormente, no dejé que asomasen mis sentimientos. Había recibido una educación que tenía como máxima que nadie fuera de la familia debía saber de los trapos sucios de la misma.

Era vergonzoso ver cómo mi pareja, mi compañero, mi amigo, miraba a su presa con ojos de cordero degollado y cómo la misma quedaba prendada con sus disertaciones y alabanzas. Para mí fue una humillación tremenda. Al cabo de un rato me marché a nuestro domicilio, mientras que él permaneció en aquel lugar y no llegó hasta altas horas de la noche.

Cuando por fin abrió la puerta de nuestro piso, inicié una fuerte discusión provocada expresamente. Su respuesta fue clara y contundente: «Te pones celosa por nada. Todo son invenciones tuyas» y «Aprovechando las circunstancias, ya te lo aviso: no te extrañes de que en un futuro busque fuera de casa lo que dentro de ella no encuentro». Estas palabras pronunciadas por la persona que quería me dolieron mucho.

En aquel momento debería haber cogido a mi hija y haberle abandonado, pero fue precisamente aquella pequeña niña lo que me lo impidió, ya que entonces crecería sin un padre en el que apoyarse y además sentía un profundo amor por él. No me di cuenta entonces de lo equivocada que estaba. Ella jamás tuvo un padre como el que realmente hubiera deseado. Finalmente, no sé cómo, creí lo que me decía porque era la solución más fácil. Yo había imaginado algo irreal. Aquello me costó una úlcera de duodeno sangrante. Llegué a perder muchos kilos de masa corporal.

Como persona tozuda que soy, me empeñé en conseguir que mi matrimonio fuera feliz. Si para ello debía cambiar o acoplarme al sistema de vida de mi esposo, así lo haría. Poco a poco coloqué una venda sobre mis ojos y mis sentimientos. No me daba cuenta de que con ellos yo moría lentamente.

Él, en lugar de intentar mejorar, aprovechó la ocasión para pasar el máximo tiempo posible lejos de casa.

Desde hacía un año estábamos disfrutando de un piso que nos habíamos comprado en la capital de la provincia. Abonamos, como entrada, una parte de los beneficios obtenidos por la venta del apartamento que mis padres me habían obsequiado como regalo de bodas. Con el resto del dinero obtenido pudimos comprar por fin muebles que cumplirían la función de proporcionar una estancia totalmente confortable y presentable, adecuada a nuestro hipotético estatus social. Al mismo tiempo pudimos montar un pequeño despacho para atender correctamente a la incipiente clientela generada por la capacidad de ventas que mi pareja poseía.

Recuerdo que éste fue mi primer trabajo como decoradora. Diseñé el espacio, mobiliario y hasta las lámparas. Las confeccioné yo misma. Menos la parte eléctrica, fontanería y albañilería, el resto lo realizaron nuestras propias manos.

En aquel entonces yo ganaba bastante dinero, ya que ilustraba un tratado sobre estética para una conocida escuela barcelonesa de cursos por correspondencia. Mi lista de clientes crecía y mi cuenta bancaria se engrosaba de tal manera que, durante una temporada, yo llevé el peso del mantenimiento del hogar. Trabajando los dos me resultaba difícil entender cómo, en un momento dado, teníamos problemas para pagar la hipoteca.

Un día lo comprendí de inmediato. A mi marido le gustaba aparecer ante los demás como un gran señor, por lo que todas las juergas y salidas le debían producir un exceso de gasto. También tenía la fea costumbre de hacer caros regalos a sus amigas. Esto lo descubrí un día de finales de julio. Yo me encontraba presente. Aprovechando las rebajas de verano fuimos a una conocida zapatería en busca de calzado de oferta, ya que era lo único que nos podíamos permitir en aquella época. Mientras yo me probaba zapatos de la temporada pasada vi cómo saludaba a una mujer que se hallaba cerca de nosotros. Cuando se dio cuenta de que los estaba observando, me la presentó como la hija de un pintor famoso. Yo me acababa de probar unas preciosas botas de fino tafilete. Calzaban como un guante, ajustándose a lo largo de mi pierna como si me las hubieran hecho a medida. Le pregunté qué le parecían, cómo me sentaban, y él, en lugar de responderme, le propuso a su amiga que se las probase: «Seguro que te quedarán perfectas». Tuvo la osadía de comprarle a su amiga unas botas de Valentino. Ante mi extrañeza, argumentó que ella podría abrirme las puertas en el mundo del arte y que para recibir había que sembrar. Lo hizo de tal forma que yo tuve que permanecer callada y no dejar traslucir la rabia interna que sentía. De nuevo, tuve la sensación de haber perdido algo de mí.

Viendo que jamás podría conseguir la fidelidad de mi pareja, llegué a la conclusión de que la mejor forma de salvaguardar nuestro matrimonio sería que sus amantes-siervas me respetasen.

Conseguí relacionarme satisfactoriamente con casi todas ellas hasta que él comenzó a darse cuenta de que yo ganaba poder y ellas empezaban a apoyarme de una forma ostensible.

No sólo eran sus amistades femeninas las que ocupaban su tiempo de ocio, también sus amistades masculinas. Cuando le preguntaba por qué no me llevaba con él, me respondía que yo era una «pusilánime», «una persona falta de ánimo», «una cobarde» o «una tímida». «No tienes sentido del humor», esgrimía sin recato. «No sabes estar a la altura de mis amistades» y «rompes todo el encanto en el ambiente de las fiestas a las que acudo». Aquellas palabras tan dolorosas las asumía con un doloroso silencio. Aunque yo intentaba defenderme empeñándome en demostrar que estaba equivocado con esa definición, jamás lo conseguí. Por lo visto nunca estaría a su altura y a la de sus amistades.

Cualquiera creería que yo era una paleta, antiestética, monjil y estúpida que había que mantener fuera de la vista de la gente que le rodeaba en la intimidad de sus relaciones sociales.

Me llevaba consigo cuando se trataba de recepciones en las que, por conveniencia, estaba socialmente bien visto llevar a la esposa, ya que de otra manera la parte seria de la sociedad no podría entender que acudiese sin mi compañía. Aunque poco a poco, con el tiempo, dejaron de importarle los «dimes y diretes» de la gente, y se acostumbró a acudir también a estos actos solo o con alguna amiga o «colaboradora sexual», como nos ha llamado a todas las mujeres que le hemos rodeado.

Por su forma de hablar se podría deducir que yo era un auténtico adefesio del que se debía uno apartar para que nadie lo relacionase con él.

No era el caso. Yo era una mujer alta, muy alta para la época. De complexión atlética, pero delgada y con buena musculatura. Mis flancos traseros y pectorales no se podía decir que fueran perfectos, pero estaban compensados por unas interminables y estilizadas piernas. Mi atractivo residía en la forma de moverme y en la forma de mirar bajo el marco de mis largas pestañas. Hasta que contraje matrimonio, tuve numerosos pretendientes, de todas las edades y de diversas nacionalidades.

Lo que todos tenían en común era su estatura, su forma estilizada y su falta de vello pectoral. Detestaba a los hombres demasiado velludos. Supongo que por este mismo hecho la mayoría de mis parejas acabaron por salir del armario más tarde o más temprano.

Después de casada seguí atrayendo al sexo contrario pero jamás fui infiel al hombre al cual me hallaba unida. Yo funcionaba como las ocas. Tenía y sigo teniendo la misma moralidad de estas singulares, malentendidas y maltratadas aves. Las ocas se rigen por el sistema monogámico en su apareamiento y cuando el macho se une a una hembra es para toda la vida. Es asombroso comprobar cómo en el mundo animal existe más fidelidad que en el humano.

Recuerdo nuestro sexto aniversario de boda. Siempre me ha gustado celebrar los días importantes que me han dejado huella, y para mí, el día que contraje matrimonio tenía casi el mismo valor que el de mi nacimiento.

Me levanté por la mañana con el típico nerviosismo: ¿mi pareja habría olvidado la fecha?, o, por lo contrario, ¿me reservaba una sorpresa?

Durante todo el día estuve esperando en vano a que me llamase para saber cómo íbamos a pasar la velada. Al final de la tarde me atreví a llamarle a su despacho para preguntarle a qué hora vendría a casa. Su respuesta fue dura y contundente: no pensaba venir temprano ya que estaba invitado a una fiesta de unos amigos, en la cual yo no tenía cabida puesto que no estaba invitada. Me quedé totalmente en blanco, no supe qué contestarle y no le comenté nada. Entendí que había olvidado completamente la fecha de nuestro enlace.

Me invadió una tremenda cólera, bien por el desprecio de su olvido o por su gélida respuesta. En lugar de lamentarme, me preparé un baño de espuma, me vestí de lamé dorado de arriba abajo y bien maquillada y perfectamente peinada, ni corta ni perezosa le pedí prestado dinero a la chica de servicio para poder coger un taxi.

A las diez de la noche entraba en el mejor restaurante de la ciudad, sin reserva previa. No tuve problema alguno. El *maître* me situó en una mesa que estaba en pleno centro de la sala y con ello me convirtió en la mirada de todos los comensales allí presentes, que llenos de extrañeza no paraban de observar a aquella mujer que se atrevía a cenar totalmente sola y vestida de noche. Nos hallábamos en 1976 y no era usual en aquella época ver a una mujer cenando sola de esta guisa.

Muy incómoda por las incesantes miradas que intentaban paliar su curiosidad, encargué una frugal pero excelente comida regada por un óptimo caldo de color del rubí que impregnó mi garganta de una calidez exquisita. En cuanto vacié la primera copa dejé de preocuparme por el interés que despertaba mi presencia y decidí disfrutar de la cocina del lugar.

Lentamente, ingerí los alimentos intentando paladearlos al máximo para que el placer obtenido por ellos se afianzase por completo en el recuerdo de aquel momento.

Después de un capuchino acompañado por una Grappa, pedí la cuenta. Cuando me la presentaron dentro de un portafolio, escondida a cualquier vistazo ajeno, la aboné sin mirarla y acto seguido abandoné el lugar.

No tenía ganas de volver a una casa vacía y enfrentarme a la cruda realidad de mi soledad, por lo que, andando, me dirigí a un local cercano regentado por un amigo, que estaba a la vuelta de la esquina, y al cual solíamos acudir asiduamente para bailar y tomar una copa. Lo de bailar es un eufemismo, ya que generalmente la única que bailaba era yo, mientras él pasaba el rato charlando con cualquier amigo o conocido que se hallase en aquel momento presente en la discoteca.

Por lo temprano de la noche encontraría la discoteca prácticamente vacía y pensé que sería el lugar idóneo para beber algo sin ser de nuevo el blanco de todas las miradas.

Tras penetrar en su interior y bajar las largas y anchas escalinatas tapizadas de negro con el emblema de la casa impreso en verde, mis pasos me llevaron hasta la barra, totalmente vacía. Tomé asiento en lo alto de un taburete y le pedí al camarero que me sirviera un Chivas con hielo y mucha agua.

Mientras mojaba mis labios en la bebida recorrí con la mirada toda la extensión de la sala, desierta a excepción de alguna pareja oculta en la oscuridad de los rincones. La música sonaba, mientras que en la pista no había nadie que le hiciera los honores. Sin darme cuenta, alguien se sentó en la barra y en cuanto me percaté de ello, el hombre en cuestión se dirigió hacia mí preguntándome qué hacía en aquel lugar. Francamente, no era muy original pero decidí responderle ya que me pareció que el pobre se encontraba como pez fuera del agua.

Se trataba de un viajante de provincias y le había extrañado que una señora, sin pertenecer a la clase de mujer libertina que frecuenta la noche, se hallase en la barra de un local nocturno sin estar acompañada por caballero alguno.

A su pregunta, le respondí que estaba celebrando mi aniversario. Me felicitó por ello y con falta de tacto me preguntó cuántos cumplía. Mi respuesta le dejó boquiabierto al decirle los años, y aún más se quedó cuando apareció mi excelso marido e invitó a todo el mundo a champagne.

El dueño del local me había visto entrar sola. Le conté mi particular celebración nocturna y, sorprendido por ello, consiguió localizar a su asiduo cliente y amigo para comunicarle que su esposa se hallaba celebrando su aniversario de boda en la barra de la discoteca.

Como hombre inteligente que es dejó la fiesta y acudió con la misma gente para aprovechar mi acto de rebeldía en favor suyo. Delante de todo el mundo me dijo que acudiese al día siguiente a un peletero conocido suyo y que escogiera un chaquetón de piel. Siempre sabía convertir sus errores en victorias.

Desconozco lo que le costó aquella noche, y aunque apenas bebí una copa de champagne, cuando intenté bajarme de lo alto del sillín de la barra mis piernas no me sostenían. Me tuvieron que sacar por la puerta trasera, ya que no podía andar dos pasos seguidos sin que las piernas me fallasen.

Yo era una persona acostumbrada a beber y nunca me había ocurrido tal cosa. Alguna vez me había sentido algo achispada pero nunca había llegado a tal extremo. Me sentía totalmente sobria pero mis extremidades inferiores no respondían. Supongo que ello se debió a mi sistema nervioso, alterado por completo debido a los acontecimientos del día, lo que provocó que el poco alcohol consumido hiciera mella en mí como si hubiera bebido mucho más.

Al día siguiente acudí al peletero y me probé un chaquetón de zorro blanco escogido por mi esposo. Ésta fue la primera piel que me regaló mi marido a lo largo de nuestro matrimonio. En total fueron cuatro más. Cada uno representa un momento determinado de nuestra relación. Los tres primeros me los regalo casi seguidos, y los dos restantes fueron más espaciados. Me he dado cuenta con el tiempo de que a mi pareja consorte le encantaba sorprenderme con dichos regalos. Si era posible, escogía el momento oportuno en el que había gente alrededor para hacerme entrega de ellos. También he llegado a la conclusión de que cada uno representaba una relación sentimental extramatrimonial por su parte.

Desde entonces no olvidó más la fecha de nuestro aniversario de boda, hasta los últimos años de nuestra relación. Los regalos fueron sucediéndose de uno en uno pero siempre de acuerdo con sus gustos aunque intentando acoplarlos al mío. Y en dos de ellos realmente se adaptó a mi deseo.

Al principio conocía mis gustos pero poco a poco fue olvidando hasta el perfume que yo utilizaba.

Tras el nacimiento de nuestra segunda hija, me sorprendió obsequiándome con un descapotable de color rojo. Había acertado de pleno. Siempre había ansiado tener un descapotable rojo y ahora se cumplía por fin aquel sueño tan deseado. El MG era todo un trueno. Se lo había comprado a un supuesto amigo y digo *supuesto* ya que sólo lo frecuenté la vez que acudió a cenar junto a su novia a nuestra casa invitados por mi esposo.

Tampoco es de extrañar que nunca más les viéramos el pelo una vez formalizada la venta. Después de la cena mi esposo les ofreció unos porros. No estaban acostumbrados a sus efectos y se convirtieron en el divertimento de su anfitrión por su poco aguante al cannabis índico.

Pero a mí eso no me preocupó. No daba crédito a la felicidad sentida en aquellos momentos por el solo hecho de que el hombre que yo había escogido para compartir toda una vida hubiera sido capaz de regalarme algo que me iba como anillo al dedo. No me importaba que fuera de segunda o tercera mano. Había acertado con la línea y el color del coche.

Su diseño exterior era curvilíneo. Poseía un largo, esbelto y elegante morro que se inclinaba hasta finalizar en un perfecto semicírculo en donde destacaban unos faros redondos. Sobre el intenso rojo de la carrocería destacaban los brillantes cromados que componían los guardabarros y todos los restantes componentes metálicos del coche. Entre ellos tomaban relevancia los radios cromados de las ruedas que cuando giraban se asemejaban a discos de plata brillando al sol. La cabina del conductor era francamente estrecha. Debías conducir casi estirado para que los pies pudieran alcanzar los pedales. Cuando conseguías introducirte en su interior integrándote en el propio espacio llegabas a sentir que formabas parte de él y, al mismo tiempo, que él mismo era una extensión tuya. El *tablier* era estrecho y alargado de madera bellamente barnizada con goma laca, de él sobresalían una serie de clavijas que tenían la utilidad mecánica requerida y una de ellas servía para aumentar la potencia del motor. Era un auténtico gozo oírle rugir en respuesta a tu demanda. El volante era pequeño pero se adaptaba perfectamente a mis manos sin oponer resistencia alguna a la poca fuerza que yo pudiera ejercer en él. A su alrededor se hallaban los indicadores de velocidad y de revoluciones, a los cuales casi nunca les dirigía la vista ya que con solo escuchar las notas vibratorias desprendidas por el movimiento del motor ya podía saber perfectamente a qué velocidad estaba transitando. Es curioso, pero hasta ese momento jamás llegué a pensar lo compenetrado que se puede llegar a estar con un automóvil.

¡Qué poco duró el placer que obtuve sentada en los asientos de cuero negro de aquel bólido mientras surcaba las calles de la ciudad con el pelo al viento!

No sé realmente por qué o si sólo fue una excusa, pero un buen día mi pareja apareció para comunicarme su irrevocable decisión de que mi coche, aquel precioso vehículo de rojo llameante, mi fiel compañero, debía ser sustituido por otro para evitar que me matase por exceso de velocidad. Menuda estupidez, no se lo creía ni él mismo.

Cambió mi deportivo por otro más de su gusto, un descapotable de color negro marca Fiat, que más tarde reemplazó por otro aún peor, un 124 de color pardusco deslucido. Fue como si con ello yo muriera un poco. Una suerte de castración mental. Yo debía aceptar sus deseos como si de los míos se tratasen. No me percataba de que poco a poco yo iba aceptando, sin apenas darme cuenta, que en verdad sólo su opinión contaba y que si yo alguna vez me atrevía a dar la mía, se me escuchaba aparentemente pero sin tenerme en cuenta en realidad.

Después de aquel sonoro aniversario de boda, llegó un periodo de calma y en aquellos momentos creí que se había superado la crisis matrimonial provocada por sus devaneos amorosos. Pasamos una temporada en la que casi no podíamos vernos ya que estábamos los dos sumergidos en el trabajo. Realmente coincidíamos cada día, pero mientras dormíamos. Cuando él llegaba a casa yo estaba durmiendo y cuando yo me iba él continuaba en los brazos de Morfeo.

Recuerdo que un día lo llamé por teléfono para que pudiéramos vernos los dos despiertos al mismo tiempo. En aquel entonces yo me ocupaba de las obras de decoración de un centro médico que él había ideado y cuando éste acabó empecé con el cambio de casa y, más tarde, con la dirección y elaboración de las obras de su nuevo gabinete médico.

Estaba tan absorbida por el trabajo que parecía que al fin la tranquilidad había llegado a nuestra inquieta relación. Llegué a pensar que mi pareja había dejado de disfrutar de su goce sexual fuera del lecho marital. Después de casi siete años de casada estaba de nuevo embarazada.

Me encontraba en un estado de avanzada gestación de nuestra segunda hija cuando recibí una llamada a cobro revertido desde Francia. La acepté inmediatamente ya que supuse que sería algún miembro de mi familia que habitaba en el país vecino. Mi sorpresa fue grande cuando al otro lado del hilo telefónico me habló una voz femenina. Tenía auténtica y acuciante necesidad de hablar con mi marido. Le dije que en aquel momento no estaba en casa y me pidió que cuando hablase con él le diera el recado de que se pusiera urgentemente en contacto con ella. Pensando que era una paciente le pedí su nombre y el número de teléfono. No era necesario. Él ya la conocía y también tenía la manera de localizarla. Fue entonces cuando comprendí que había vuelto a las andadas, o mejor dicho, que jamás había abandonado su vida licenciosa, pero lo que jamás pensé es que lo había hecho con una menor, hija de un conocido suyo, fotógrafo de profesión, y con el cual yo mantenía relaciones comerciales. Pero esto no lo supe hasta años después. Tampoco sabía que mi bien amado hacía uso del derecho de pernada con sus enfermeras y que se vanagloriaba ante ellas de que yo estaba de acuerdo con su vida disipada e incluso participaba a menudo de ella. Esto último le he sabido hace poco por una de sus antiguas colaboradoras. Lo que no entiendo es que pusiera en entredicho mi honor al mezclarme en sus hazañas. Ni conocía su contenido ni hubiera participado jamás en ellas.

Esta colaboradora me hizo saber al detalle las andanzas, peripecias y entuertos montados por su jefe y ella misma para que él pudiera verse con la jovencita en cuestión en la intimidad de la habitación de un hotel mientras estaban de visita por la capital. Se registraban como matrimonio acompañados por su hija. Tomaban dos habitaciones y de esta forma nadie podía sospechar que hubiese algo irregular. No se sí creérmelo pero ahora es tarde para averiguarlo. La horrible sensación de ser una embarazada cornuda fue terrible, pero como siempre hallé consuelo en el arte. En él me refugié hasta que nació aquel precioso bebé al que no tardé en llamar «cocoliso» por las correrías que se daba por toda la casa gateando.

Cuando le comenté la llamada que había recibido y mis sospechas, su respuesta fue la de siempre: «No sé de qué me hablas... Tienes demasiada imaginación... Ves cosas donde no las hay... Deberías acudir a un psiquiatra... Estás mal de la cabeza» y un largo etcétera.

Es posible que tuviera razón. Si una persona ajena hubiera analizado los hechos presentes conociendo los pasados, seguramente hubiera llegado a la misma conclusión que la inducida por mi marido, por parecerle incomprensible mi actuación ante su respuesta.

¿Cuál fue mi respuesta? El silencio. Como siempre el silencio. Y, por lo tanto, la aceptación, el no querer ver la realidad y no saber afrontarla. El miedo a estar sola. El no tener a nadie en quien apoyarme. El quedarme sin la familia tan ansiada.

¿Qué podía hacer yo con una niña de siete años y otra a punto de nacer y sin donde caerme muerta? Esta falta de valentía es la que siempre me ha perjudicado y de la cual él se ha aprovechado para mantenerme callada a lo largo de estos años.

La forma que yo tenía de evadir los problemas era muy sencilla. Los hacía desaparecer en el fondo de mi memoria e intentaba encarar mi vida bajo una nueva perspectiva. Anular mis sentimientos, ponerme una venda sobre los ojos, seguir adelante, como si nada hubiese ocurrido y todo volvía a la normalidad.

Después del nacimiento de nuestra segunda hija parecía que todos los nubarrones que ensombrecían nuestra relación hubieran desaparecido o yo por lo menos no recuerdo ningún conflicto de interés. Intentaba de nuevo consolidar mi carrera en el arte al mismo tiempo que ejercía mi labor de madre. Nuestra hija mayor nos ocasionaba graves problemas que tenían difícil solución en aquella época en España, ya que no había colegios especializados para niños superdotados socialmente. En esta época mi marido añadió a su costumbre iniciada años anteriores de no venir a cenar a casa, la de no acudir al refrigerio del mediodía. Normalmente se quedaba a almorzar en un local de tapeo cercano donde iba para compartir el tiempo con un núcleo variante de conocidos y con los cuales se debía sentir lo más satisfecho posible y cuya comida le debía parecer lo suficientemente comestible para que dejase de venir a diario a degustar los platos que yo elaboraba con esmero.

Empecé a acostumbrarme primero a cenar sola y, más tarde, a almorzar también sola, a excepción de los jueves mientras vivió su abuelo. Pero esto sólo fue al inicio de que su abuelo acudiera los jueves a almorzar a casa para pasar la tarde con sus bisnietas.

¿Realmente me daba cuenta de que ya casi no compartíamos nada, que por sus raros horarios apenas nos veíamos y, consecuentemente, tampoco nos comunicábamos a excepción de los huecos que nos dejaba libres el rato frente al televisor los fines de semana? Creo que muy dentro de mí sí lo percibía y ello se vio reflejado en mi obra pictórica.

Las amistades conjuntas que frecuentábamos iban cambiando igual que nuestra ubicación domiciliaria. En nuestra primera y segunda viviendas mantuvimos, en parte, los amigos anteriores a nuestro enlace. En la tercera y cuarta desaparecieron éstos y aparecieron otros nuevos, de dispares sistemas sociales. Normalmente se debía a la gran capacidad de penetración social de mi pareja. Yo me acoplaba a ellos, aunque frecuentando las relaciones que tenía de mis conexiones artísticas.

Había conseguido relacionarme con un grupo elitista de artistas y críticos de arte, entre los cuales yo era la más joven.

Pudiera ser por mis cualidades artísticas o por ser tan diferente a las demás mujeres que ellos estaban acostumbrados a tratar dentro del mundo plástico, pero todos me acogieron rápidamente dentro de su círculo, aceptándome sin reservas.

Siempre acudíamos a los mismos *vernissages* de las numerosas exposiciones de arte que se inauguraban y cuando terminaban casi siempre nos íbamos a cenar en grupo. La mayoría de las veces iba sola. Ninguno de ellos disfrutaba de la compañía de mi esposo. Francamente, le tenían bastante manía. Tampoco me extraña ya que, como siempre, debía imponer su criterio, monopolizar las conversaciones y convertirse en el centro de admiración de las tertulias. Su personalidad, tan distinta a la artística, chocaba ineludiblemente con la propia de los contertulios. Aunque no me impedía acudir a estos actos yo sabía que a él no le parecía bien mi presencia en ellos y, poco a poco, dejé de concurrir aquel ambiente que tanto le disgustaba. Fue una pena que no supiera ser lo suficientemente independiente para mantener aquellas relaciones que tan bien me hacían sentir y de las que, seguramente, hubiera partido la ayuda necesaria para afianzar mi carrera artística. De nuevo erré el camino al escoger y con ello fui cerrando por desuso unas puertas que se estaban abriendo.

Cuando finalmente nos trasladamos a nuestra quinta y definitiva vivienda en común la cosa cambió. El grupo que empezamos a frecuentar en aquel paraje fue prácticamente contactado por mí. Esto ocurrió cuando nuestra segunda hija tenía cuatro años. Le desagradaban e hizo lo imposible hasta que logró que dejáramos de frecuentar esas nuevas amistades. Ahora, mucho más tarde en el tiempo, entiendo el porqué. Los dos ocupábamos una posición semejante, lo que le impedía destacar sobre mí en su presencia.

En todo el tiempo que llevábamos casados nunca pudimos ir de vacaciones a ningún sitio. Durante trece años vivimos siempre en la ciudad y cuando llegaba el periodo estival el único recurso para que mis hijas pudieran refrescarse eran los pocos días que acudíamos a una playa cercana al sur. No teníamos dinero para alquilar un apartamento, aunque uno de los últimos veranos lo pasamos en uno de la costa cedido por un socio de mi esposo. El poco tiempo que pasamos en aquel complejo turístico me pareció hasta extraño. No estaba acostumbrada a pasar el día en una piscina comunitaria sin poder hacer apenas nada.

El padre de mis hijas había dedicado todo su esfuerzo a intentar montar un complejo empresarial. Tenía la pretensión de jubilarse a temprana edad. Jamás lo consiguió, a pesar de sus muchos intentos. Ésa era la causa real de nuestro estado de relación familiar. Para ello dedicó toda mi dote y su esfuerzo a su empresa y yo le ayudé en todo aquello que mis capacitaciones me permitían.

Siempre se lamentó, y aún continúa haciéndolo hoy en día, de que nosotros lo habíamos tenido mucho más duro que sus compañeros. Que a éstos los habían ayudados sus padres, no como a nosotros, que no habíamos recibido ningún apoyo económico al casarnos. Yo nunca participé de su idea, aunque entiendo que en su ambiente fuera costumbre el regalar el piso, los muebles y el coche a los recién casados. Yo no tuve ni un anillo de pedida... Claro que él tampoco tuvo el consabido reloj.

Mi padre se había llenado la boca con la posible compra de un precioso piso en un buen barrio de la ciudad. Más tarde éste se convirtió en la posibilidad de un apartamento en un rascacielos ubicado en una urbanización situada a las afueras, hacia el norte. Supongo que el precio no le debió convenir y ni corto ni perezoso nos hizo entrega de la escritura de un apartamento que mi madre poseía en la costa.

No era lo que necesitábamos pero con su venta pudimos dar la entrada de un piso en la ciudad, amueblarlo y montar un despacho médico para mi marido. A los pocos años, no sé por qué razón, se decidió poner a la venta nuestro piso y trasladarnos a uno de alquiler. Con el producto de su venta se liquidó la hipoteca y el resto sirvió para comprar el primer ecógrafo. Mi pareja tenía una visión muy puntera de la medicina, por lo que siempre invertía en buenos y novedosos aparatos médicos, con la terrible consecuencia de correr un excesivo riesgo por el alto coste económico del aparato, que hacía muy difícil paliar su inversión con el importe de la visita. Además, al cabo de poco tiempo tenía que cambiarlo por uno de nueva generación. Todos sus ingresos los dedicó a montar negocios y comprar equipos caros. Jamás quiso invertir en bienes inmuebles como lo hacía el común de la gente. Su reserva económica se basaba en su potencial de trabajo que, en aquel entonces, sólo abarcaba su consulta privada y en lo que yo podía producir.

Esta situación financiera impedía que pudiéramos permitirnos el lujo de salir de vacaciones. Como consecuencia, decidimos que sería interesante buscar una vivienda a las afueras, cerca de la naturaleza, que cubriera los aspectos de primera y segunda vivienda, en la cual nuestras hijas pudieran crecer de una forma más sana. Nos habíamos casi decidido por una zona que hoy en día se ha encarecido enormemente. Era justo la localidad en la que yo había nacido tiempo atrás. Pero, por desgracia, todo se trastocó cuando un día estábamos celebrando el cumpleaños de mi sobrina en la casa de verano que sus padres poseían en un pueblecito de la costa. Al comentar nuestra intención, mi padre nos propuso alquilarnos la casa grande en la finca que él poseía a unos cuarenta kilómetros de Barcelona. Hicimos números y decidimos que podíamos asumirlo perfectamente ya que el alquiler y mantenimiento de la casa de seiscientos metros cuadrados y amplio jardín con piscina ascendía a menos que el alquiler que estábamos pagando entonces por un piso de ciento veinte metros.

Mi padre decidió hacer el contrato de alquiler a mi nombre. La relación entre mi padre y mi esposo siempre había sido fría. Creo que los dos sentían una admiración mutua en el plano intelectual pero dudo que se apreciaran en algo más, puesto que ya habían tenido varios enfrentamientos que demostraban su correspondida antipatía. A ello había que unir la insistente manía de mi padre en hacer ostentación de su condición de propietario de la casa delante de nuestros invitados. Esto provocó que cada vez fuera más insoportable la relación entre ambos y que, por encontrarme yo en medio, resultara la más perjudicada, convirtiéndome en el centro de sus constantes quejas y malos humores. Esta tensa situación provocó que en un momento dado, cuando tomé partido por mi marido, me enfadara con mi padre y durante un tiempo dejáramos de hablarnos y de relacionarnos de forma asidua.

Yo no sabía en aquel entonces que el traslado de nuestra pequeña familia a la finca de mi padre ocasionaría al cabo de unos años mi auténtica desgracia y aislamiento.

Al principio todo fue estupendo. Mientras yo me ocupaba del traslado al nuevo hogar con mis hijas y los dos perros, mi pareja consorte permaneció en el piso de la ciudad en espera de que se nos conectase la línea de teléfono que habíamos contratado. Lamentablemente, por la excesiva distancia existente entre la finca y un núcleo urbano, la espera se alargó más de siete meses; nuestra segunda separación prolongada.

Aunque subía algún fin de semana, muy pocos, ya que siempre tenía que estar localizado debido a su gran responsabilidad médica con respecto a sus pacientes. Para mí fueron unos meses auténticamente dramáticos. Como siempre, no había sopesado los inconvenientes del cambio que se avecinaba sobre mi persona. Sólo había valorado la parte positiva y con ella me había lanzado a aquella aventura, en parte insensata, en parte acertada.

La finca en cuestión se hallaba, como he dicho, bastante separada de cualquier núcleo urbano y el vecino más próximo se encontraba a una distancia mayor de un kilómetro. Poseía una gran extensión de terreno boscoso que hacía que uno se sintiera parte de la naturaleza. Había dos viviendas construidas, una masía del siglo XVII que mi padre había restaurado, a mi entender, de forma no demasiado acertada aunque sí práctica, y la gran casa que había construido con toda la ilusión del mundo, pero que no era enteramente del gusto de mi madre.

Las dos viviendas estaban enclavadas en la ladera de una montaña, adentrándose ésta en un serpenteante valle bordeado de espeso bosque y que a lo lejos desembocaba en el mar.

La casa grande fue la que mi padre me alquiló. Era una casa muy robusta, construida por entero en bloques de granito. Sus ventanas estaban protegidas por fuertes rejas de hierro forjado que mi padre había diseñado tomando el perímetro de mi cráneo como cálculo del espacio libre que había que dejar entre los barrotes. Las puertas de acceso también se encontraban fuertemente pertrechadas, lo que, junto a su sólida construcción, la hacía impenetrable e inaccesible a cualquier extraño que quisiera aventurarse en su interior.

Era una enorme casa de amplias estancias, tanto que, al principio, tenían un aspecto un poco desangelado, frío y húmedo a la vez, que con el tiempo y el uso fue tornándose más cálido.

Me hallaba sola en aquella enorme casa llena de grandes arañas que me provocaban un auténtico pavor. Por la noche sólo oía el crujir de sus entrañas que se asemejaban al desplazamiento de alguien por la casa. ¡Cuántas noches pasé en vela, sintiendo cerca la angustiosa presión de una presencia que provocaba en mí una terrible sensación de falta de oxígeno! Durante el día no me atrevía a salir al exterior sin la compañía de la escopeta que mi padre me había dejado como protección. Ella y yo formábamos un solo cuerpo por lo que no había peligro de que las niñas pudieran tener acceso a ella. En cuanto entraba de nuevo en la casa me encerraba rápidamente. Con un miedo insuperable, poco a poco tuve que ir habituándome a mi nueva condición. Desconozco cómo llegué a conseguirlo y, al mismo tiempo, lograr disimular mi angustia de tal forma que mis hijas no notasen nada. Me investí de una valentía totalmente falsa, ya que no podía demostrar mi debilidad ante ellas, ni ante su padre. Ya no había marcha atrás, debía hacer un esfuerzo para superar mis miedos y demostrar mi responsabilidad ante la decisión tomada.

El traslado se hizo una vez finalizado el curso escolar de nuestra hija mayor y tuvimos todo el verano para poder adaptarnos a nuestro nuevo sistema de vida. Gracias a Dios, la escuela pública del pueblo más cercano admitió en sus aulas a las niñas. No es que me gustase la idea, pero debido a nuestra impetuosa decisión de trasladarnos a aquel lugar, no quedaba otra posibilidad, ya que todas las escuelas privadas de la zona habían cerrado ya sus matrículas.

Era una escuela tan pequeña, con tan pocas clases, que los alumnos de tres cursos debían compartir la misma aula. No entiendo cómo podían estudiar sin hacerse un lío y cómo el profesor alcanzaba a impartir los tres cursos a la vez sin que ellos se solaparan entre sí. Lo único bueno era su situación a las afueras del pequeño pueblo, en plena naturaleza, totalmente rodeada de los árboles del precioso pinar que protegía la aldea.

Supongo que para la mayor este cambio de domicilio —el tercero en sus once años de vida— fue más traumático. Permaneció en él un año y, al siguiente, ingresó interna en un colegio especializado en el sur de Francia, el que finalmente sería el único en conseguir inculcar en ella una línea correcta de acción para que al final de su adolescencia tuviera las tablas suficientes como para poder enfrentarse a la dura conquista de su futura libertad.

A pesar de que su peculiar comportamiento me había provocado muchos problemas de relación familiar, la eché mucho de menos. Su permanencia en dicho colegio fue muy dura, la veíamos muy poco, sólo en los breves periodos de vacaciones. Lo más duro fue que no pudiese pasar la Nochebuena en casa.

Aquel pequeño centro de recuperación de niños superdotados se llamaba La Coume y, como su propio nombre indica, funcionaba como una auténtica comuna. Las fiestas familiares las pasaban juntos, y los padres sólo podíamos recogerlos el día de Navidad al atardecer.

Para mí era muy importante el día de Nochebuena, puesto que era el día que celebrábamos la gran cena en familia y la llegada del Papa Noel, que siempre dejaba numerosos regalos bajo el fantástico abeto bellamente adornado para la ocasión. Durante una serie de años, justo a la hora de los cafés de la típica comida de Navidad del día 25 con la familia de mi esposo, teníamos que salir a la carretera para recorrer los doscientos kilómetros que nos separaban de nuestra hija mayor, y regresar después de la consabida y obligada charla con la directora del centro. La zanja de siete años que separaba a las dos hermanas aumentó de forma considerable por la separación física, e hizo que se convirtieran en casi unas desconocidas. Sus diferentes personalidades, diferentes como la noche y el día, reforzaron aún más esta distancia. Pero tenían algo en común: crecieron las dos en soledad. Ninguna tuvo un compañero de juegos que fuera cómplice de sus travesuras y compartiera los castigos paternos. Las dos tuvieron una infancia difícil. Aunque no les faltó de nada, echaron en falta en parte la presencia materna y por completo la paterna.

La mayor tuvo la ventaja de que pudo disfrutar de la vida intelectual y la completa presencia física de su madre durante un periodo de doce años. En cambio, la pequeña se tuvo que conformar con otro tipo de relación. No pudo disfrutar de la parte intelectual hasta la adolescencia y en la presencia física tuvo carencias durante muchos años debido a la obligación que yo tenía de aportar ayuda a la economía familiar.

Aunque fuera por parte de los tutores del internado, creo que la mayor gozó de más atención y cariño que la pequeña. Ésta estuvo durante muchos años al cargo de una servidumbre totalmente vandálica, desarraigada y despreciable que la marcó de tal forma que su carácter se tornó duro como la piedra e intransigente como la muerte.

Yo no soy quién para definir la relación paterno-filial, ya que ello les corresponde sólo a ellas, aunque puedo apuntar que, por la profesión y sistema de vida del padre, su trato no fue muy abundante. La mayor tuvo una ventaja o desventaja, según se mire, sobre la menor: fue la primera nieta de las dos familias y los cuatro abuelos se disputaban su compañía y su atención. En cambio, la pequeña fue la tercera niña y nadie le prestó la atención debida. Era una más del montón, la última de las tres niñas y, por lo tanto, un cero a la izquierda. Todo ello se acentuó con la llegada de un nieto varón.

La familia me recriminaba las distinciones que yo hacía entre ambas; mimaba demasiado a la pequeña. Yo sólo intentaba compensar el gran vacío que ellos le hacían sin darse cuenta. Recordando lo insufrible que se me hizo el largo periodo de la infancia hasta la adolescencia por la infranqueable y abismal diferencia que hacían mis padres entre mi hermana y yo, podía entender perfectamente lo que podría rumiar aquella pequeña y gran cabecita, al igual que en el pasado se produjo en mi persona.

Recuerdo la horrible sensación de no sentirme ni siquiera *nada*. Mi hermana era siempre el centro de la atención, todo lo nuevo iba hacia ella y lo usado se quedaba para mí. No sé cuántos años tenía, pero aquel día en que mis padres nos llevaron a una elegante tienda para comprarnos ropa se me ha quedado grabado para siempre. Mientras mi hermana se probaba preciosos vestidos, yo estaba totalmente alborozada esperando con ansia que llegase mi turno. Éste no llegó nunca. Ahora, mientras la imagen me viene a la mente, soy capaz de reírme, pero en aquel entonces sólo me encerré más en mí misma, sin permitir que la desilusión asomara en mi rostro, y lo único que conseguí fue reafirmar la animosidad de mi padre hacia mi carácter, cuya expresión para él era de tristeza. Se quejaba porque mi semblante no era risueño y no entendía el motivo. Cuando me interrogaba (ya que sólo se le podía llamar así) acerca del porqué de mi inexpresivo semblante, jamás me atrevía a darle una respuesta, ya que no sería la que él realmente esperaba y lo único que yo podía conseguir sería una enorme reprimenda.

Al nacer mis hijas me juré a mí misma que la discriminación que yo había sufrido ellas no la sufrirían, aunque fuera sólo por mi parte. Para mí las dos eran dos seres que merecían por igual mi atención y amor. Siempre dije que la pequeña fue mucho más fácil de educar que la mayor, ya que por suerte era una niña totalmente normal según sus profesores que la calificaban de la típica niña feliz. Por lo visto esto sólo fue al principio ya que con los años su carácter se fue cerrando y endureciendo. De ello tuve constancia en cuanto llegó a la pubertad.

La desmesurada admiración que sentía hacia la figura paterna y la oposición que sentía hacia mí, provocada por mi constante uso de la autoridad educativa, hicieron que nuestra relación se enrareciera. Mi vida familiar nunca había sido muy brillante pero con aquello empezó un infierno. Mi excelso marido aprovechó la oportunidad que le brindaba nuestra hija menor para enjuiciar mi actuación hacia ella, para lavar su imagen de padre casi siempre ausente. Mi hija fue presa fácil de sus habilidades manipuladoras y entre los dos casi consiguen destruirme emocionalmente. Os podéis imaginar un juicio sin defensa, ni juez alguno, y sólo con la presencia de fiscal y la parte privada de la acusación... Eso es lo que a mí me ocurrió. Yo, como acusado, me sentaba frente a ellos para escuchar con resignación sus despropósitos juicios de valor sobre mi estado anímico e inadecuada conducta, que hacían mella en mí de tal forma que laceraban mi yo más profundo.

Reconozco que quien se suponía era y debía ser la pareja de mi vida, aquel que me debía fidelidad, respeto, amor y cuidado hasta la muerte, demostró ser una auténtica falacia con el consiguiente regodeo por su falta de compromiso. Se olvidó de todo lo que había prometido en un momento determinado y barrió cuanto pudo para su propio ególatra terreno. No debería haberme extrañado ya que prácticamente había olvidado en su comportamiento lo que había prometido ante el altar un día gris y gélido de marzo.

Hasta aquel momento ya llevaba dos promesas incumplidas. Por desgracia, en un futuro no muy lejano se incumplirían otras que harían que el camino andado fuera irreversible.

Nuestra hija pequeña tuvo la gran suerte de entrar interna en un colegio de dominicos. Digo que tuvo la gran suerte ya que allí disfrutó de unos maravillosos preceptores que la iluminaron y enriquecieron sus neuronas. Fue pura casualidad que ello ocurriera. Su colegio, cerca de casa, cerraba las puertas y había que conseguir uno adecuado para que prosiguiera sus estudios.

Recuerdo el día que llegué a aquel valle armónico de un verde intenso por todas partes, al cual se accedía por una tortuosa carretera que finalmente nos llevaba a la entrada de un antiguo monasterio de monjes dominicos. En el interior, lo primero que te sorprendía era un claustro pequeño que respiraba una paz centenaria. Sus pasillos eran fríos y oscuros, y sus habitaciones angostas y sobrias, totalmente carentes de comodidades. Pero no sé por qué presentí que era lo adecuado para ella y que allí recibiría lo mejor de su educación. Creo que acerté con mis dos hijas.

Fue dura la separación pero valió la pena. Ahora soy consciente de que fue un acierto, ya que las dos recuerdan sus estancias en sus respectivos y distintos internados como algo importante para ellas. Creo que fue lo mejor para que pudieran liberarse de las ataduras familiares y comenzar a atisbar lo que sería su andadura futura. Aquellos años transcurridos entre jóvenes y maestros les dieron el suficiente empaque y soltura para que pudieran progresar hacia un mañana más firme y menos engañoso.

Pero lo que era bueno para mis hijas era malo para mí. Cuando mi hija pequeña entró en el internado yo me quedé sola, inmensamente sola en una enorme casa vacía en medio de la nada.

Mi esposo se había acostumbrado a permanecer en la ciudad durante toda la semana con la excusa de su trabajo y sólo subía los fines de semana, cada vez más espaciados. Y, finalmente... la nada.

En un principio, dormía en una habitación que tenía preparada en su despacho para tal eventualidad. Como las horas pernoctadas eran escasas y poco frecuentes, utilizaba un sofá cama que servía al caso. Más tarde, como regalo de cumpleaños, le compré un dormitorio completo para que sus noches fuera del domicilio conyugal se convirtiesen en lo más cómodas posible. A pesar de sus consabidas críticas, demasiado cómodo le debí hacer su íntimo entorno, ya que cada vez fue distanciando más sus venidas al hogar. Cuando al fin abandonó aquel despacho ya tenía otro contratado cerca de su lugar de trabajo. Se trataba de un local bajo tipo loft, bien iluminado y con dos terrazas. Éste se convirtió realmente en su domicilio y yo jamás obtuve llave alguna que me permitiera libremente el acceso a su interior. Tampoco se me dio el número de teléfono, pero eso no era de extrañar.

Para poder contactar con mi esposo debía antes llamar a su oficina de mensajería, para que ésta le enviase un mensaje a su busca de localización. De esta forma él podía elegir el momento que más le convenía para llamarme. Más de una vez no recibí respuesta a mi llamada y cuando se lo comentaba me aseguraba que la oficina no le había pasado el recado de que me llamara a casa.

Aunque parezca extraño, esto siempre había sido así. Muy a pesar mío, yo debía pasar como un cliente más ante los oídos de la telefonista que debía localizarlo. Procuraba llamar lo menos posible, ya que me moría de vergüenza al pensar qué me pasaría por la cabeza si yo estuviera en el lugar de las telefonistas.

Era tanta la privacidad de la que tenía necesidad el padre de mis hijas que logró que yo me sintiera algo externo a su vida. Sólo me dejaba compartir con él una pequeña célula de su existencia y, a veces, creo que ni eso. En alguna ocasión había pasado por mi cabeza la terrible semejanza que había entre mi vida y el cuento infantil *Barba Azul*. Todas las puertas de acceso a su vida estaban cerradas para mí y jamás supe dónde se hallaban las llaves que pudieran abrirlas.

En contadas ocasiones dormí en su apartamento. Normalmente, esto sucedía por causa de alguna celebración que concluía demasiado tarde, cuando no era aconsejable que tomara la carretera de vuelta a casa a altas horas de la noche o si alguna vez debía tomar un vuelo a primera hora de la mañana. Siempre me llevaba un pequeño neceser para no utilizar nada de lo suyo, pero la última vez que tuve que pasar una noche sin haberlo previsto, muy amablemente me facilitó un cepillo de dientes nuevo y me rogó que al irme me lo llevara, ya que allí no quería nada que no fuera suyo. ¿Realmente no se daba cuenta del daño que me hacía con su forma de actuar? ¿Actuaba precisamente así a conciencia para provocar una reacción por mi parte que desencadenara una ruptura final? Me cuesta dar respuesta a estas preguntas, pero ambas son igual de nefastas y destructivas.

IV

AL FINAL DEL CAMINO

Durante el tiempo que estuve trabajando en la consulta médica de mi esposo, intentando ordenar el desbarajuste económico que había en ella, se me hizo presente la horrible sensación de gran soledad que me embargaba. Nos veíamos en horario de consulta, sin embargo cuando ésta acababa, normalmente yo subía a casa mientras que él se quedaba con la excusa de que al día siguiente tenía algún importante trabajo que hacer.

Aun siendo así, recuerdo con añoranza aquellos pocos ratos en los que podíamos conversar, aunque sólo fuera de trabajo. Aquellos pocos momentos mitigaban el dolor desgarrador que sentía cuando me dejaba sola a las tantas de la noche, recorriendo el camino de vuelta a casa. ¡Qué largo se me hacía aquel camino! Durante ese trayecto tenía tiempo para intentar comprender qué pasaba en nuestra relación de pareja, y a ser posible, hallar una posible solución que paliase aquel infierno en el que me encontraba.

¡Cuántas *mea culpa* analicé! ¡De cuántas me adjudiqué la autoría, sin pensar que lo único que estaba consiguiendo con ello era sumergirme aún más en las profundidades de aquel oscuro y tenebroso océano de desdicha! ¡Cuántas veces me pasé todo el camino con los ojos anegados de lágrimas esperando encontrar una solución que jamás hallé!

Poco a poco tuve que acostumbrarme a ello. Endurecer mi corazón para evitar así que éste sufriera por las ausencias y abandonos constantes.

Anteriormente me había acostumbrado a comer y a cenar sola en casa. Ahora debía hacerlo también en público. Al principio, lo hacíamos normalmente juntos pero todo cambió muy deprisa. Los días en que comenzaba la consulta por la mañana, por lo general solía tomar mis refrigerios del mediodía sola, enfrascada en la lectura de *La Vanguardia,* que se convirtió en mi asidua y fiel acompañante y jamás me dejó plantada, cosa que otros sí hicieron.

Fue muy duro el andar sola de aquella manera pero, poco a poco, aprendí a sacar partido de aquella embarazosa situación en la que me encontraba, observando a las personas de mí alrededor y al mismo tiempo descubriendo nuevos restaurantes con sus distintos sabores y aromas que ilustraron y enriquecieron mi paladar.

Fue como descubrir un mundo nuevo, en el que me acostumbré a analizar tanto la cocina, el servicio, el ambiente o la decoración de los restaurantes a los que acudía por primera vez. Pero lo que más me apasionaba era poder observar tranquilamente al resto de los comensales e intentar imaginar los pensamientos que llenaban sus cabezas, sus sentimientos, su personalidad, sus inquietudes, sus temores. Ver cómo intentaban agradar a su compañero de mesa pavoneándose ante él, intentando venderle una imagen falsa de sí mismo. Observar el frío silencio entre las parejas hastiadas por el correr de los años en su vida. Maravillarme con las raras ocasiones en que pude reconocer la felicidad en otras pocas. Poder atisbar la coquetería en los ojos chispeantes de algunas mujeres. Saborear la ingenuidad en las francas miradas de los pocos niños encontrados.

Poco a poco, sin darme cuenta, me fui convirtiendo al voyeurismo. Sin ningún tipo de vergüenza, intentaba provocar sus miradas, para así poder penetrar aún más en su interior por medio del contacto ocular.

Desde muy joven me había percatado de que los ojos del ser humano eran una puerta que dejaba acceso a su interior más íntimo. Para mí resultaba enormemente fácil penetrar en él y casi nunca encontré resistencia alguna. Por lo general la gente al notar mi mirada la aceptaba sin resistencia pero con curiosidad y, de esta forma, me abría la puerta que me dejaría navegar por lo más recóndito de su pensamiento. Supongo que esta particularidad la había heredado de mi abuela paterna. Mi padre me había comentado que su madre, de joven, poseía una rara peculiaridad que le obligaba a cumplir todas las órdenes enviadas mentalmente por su hermana. En nuestra familia la transmisión del pensamiento era algo habitual y no nos sorprendía en nada conocer éste antes que la voz.

Todas estas personas empezaron a formar parte de mi vida para compensar así la tremenda soledad que me invadía. Con sus alegrías y miserias me daban a entender que yo era una más en las turbulentas aguas de la vida. Ni más ni menos. No era una persona especial, pero por eso mismo juntos formábamos el purgatorio en el que se habían convertido nuestras vidas. Descubrí que no era la única en estar sola, que la humanidad se hallaba prácticamente aislada de sí misma. Me di cuenta de lo afortunada que era por ser capaz de descubrir dicha realidad, que queda reflejada en la obra que realicé cuando por fin pude retornar a mi vieja y ansiada profesión: el arte.

Mis hijas, mientras, habían crecido. La mayor decidió poner distancia entre su persona y la casa paterna, la máximo posible. Durante unos años la relación entre nosotras estuvo llena de lagunas impenetrables, pero con el tiempo todo se fue suavizando y nació una nueva relación carente de reproches, o por lo menos, así se intentaba. Creo que con el paso de los años y la madurez adquirida se está consiguiendo dicho propósito. Mientras tanto, la pequeña dejaba de ser pequeña y empezaba a enfrentarse a la vida de una forma apasionada con todos los estragos que ello puede provocar. En cierta manera, me recuerda enormemente a mí misma cuando inicié mi andadura en solitario, ésa que el tiempo se dedicó a callar.

Durante este periodo de mi vida, sin darme cuenta, fui endureciéndome poco a poco. Mi marido, de manera gradual y sin yo percibirlo, había ido espaciando sus apariciones en el seno del hogar. Finalmente lo que había sido algo eventual se convirtió en asiduo. Sus apariciones se redujeron a los fines de semana, luego a los domingos y al fin ni tan siquiera a este sacrosanto día, convirtiendo así nuestra relación en una quimera. Los silencios cada vez ocuparon más espacios en nuestras vidas y para enmascararlos, la caja tonta ocupó el lugar del verbo.

Mientras los años transcurrían, nuestra familia canina iba en aumento, con todas las alegrías y desgracias que su fiel compañía deparaba. Recuerdo con pesar aquel día funesto en que volvíamos a casa mi hija pequeña y yo, cansadas tras un largo viaje desde el país de mis ancestros, al cual nos habíamos desplazado para poder hacernos cargo de la herencia que mi abuela había tenido la deferencia de legarme en su testamento ológrafo.

Por aquel entonces teníamos a nuestro servicio a una pareja de polacos bastante desastrosos, que a nuestro regreso me comunicaron que casi la totalidad de los diez perros que en aquel momento poseíamos estaba aquejada de una terrible enfermedad: la leishmaniosis canina.

La única medicación capaz de salvarles se hallaba en Francia y debía ser inyectada. A pesar de que pusimos todo nuestro empeño en intentar paliar dicha plaga —capaz de causar idéntico estrago entre los perros que el sida en el ser humano—, nada conseguimos y poco a poco las tumbas iban ampliando nuestro cementerio canino particular.

De vez en cuando teníamos una alegría con el nacimiento de unos cachorros, pero duraba poco; se esfumaba cuando alguno de ellos era tocado por la leishmaniosis. ¡Lo que hubiéramos dado entonces por poder obtener la vacuna que ahora se ha descubierto para dicho horror!

Cuando hablo en plural, me refiero a mi hija y a mí misma. Mi esposo, aunque al principio se esmeró en su tratamiento, ya que era él quien les inyectaba en vena la solución curativa, con el tiempo se fue desentendiendo del tema y fui yo quien tuvo que llevar el peso de ello junto a mi hija pequeña. Estábamos tan volcadas en la supervivencia de nuestros canes que las dos sufríamos por igual tal despropósito de la naturaleza. Poco a poco sus síntomas se iban agravando y con ello se acercaba el consabido tétrico final de su exterminio.

Normalmente esto ocurría durante el fin de semana. Recuerdo que mi hija, al llegar, me miraba horrorizada cuando le comunicaba que teníamos a un perro en el hospital veterinario, que debíamos ir a buscarlo de inmediato y hablar con el veterinario para saber qué se decidía hacer finalmente con él. Su padre, con su ausencia continuada del hogar, se había desentendido y la decisión quedaba sólo en nuestras manos. Fue una enorme y pesada carga para una adolescente. Demasiada soledad, demasiada muerte de seres queridos, demasiada responsabilidad compartida, demasiadas noches en vela, demasiadas tumbas cavadas con nuestras propias manos, demasiados, demasiados...

Ante ella yo debía permanecer entera, no demostrar en ningún momento flaqueza alguna que pudiera perjudicar de algún modo su equilibrio familiar.

Era tal mi soledad que me agarré al único tablón de salvación que conocía, el arte. Lo hice con auténtica y renovada pasión, aunque ésta estaba teñida por el desamor. Lo que transmití al exterior era el puro reflejo de mi interior, plasmado en cuerpos femeninos retorcidos o casi sin vida, rostros con las cuencas de los ojos vacías o carentes por completo de ellas, rostros que a veces ni existían. Pero a pesar de mis torturados sentimientos me sentía feliz por poder plasmarlos en algo concreto y, así, evadirme de la realidad.

Siempre tuve una gran capacidad para aislarme de la parte inadecuada de mi entorno y de esta forma conseguía que una realidad extemporánea se convirtiera en algo factible; sólo había que hacer un pequeño esfuerzo para mejorar y así conseguir la perfección, o eso creía. No me daba cuenta de que lo único que estaba haciendo era engañarme a mí misma, de que con aquello únicamente conseguía retardar lo inevitable: mi actuación sólo podía perjudicarme.

Por aquel entonces ya estaba tan habituada a tener mi frente bien ornamentada, que ya no le daba tanta importancia o por lo menos eso quería hacer creer. Hasta el punto de que, para celebrar su medio siglo de permanencia en este mundo, le organicé una fiesta en su club favorito de Barcelona, el Círculo Ecuestre.

A la celebración fueron invitados los pocos amigos que le quedaban, por supuesto la familia más íntima, su esposa y sus hijas. El resto de los invitados eran todas las representantes de su vida amorosa que fui capaz de localizar. No todas pudieron acudir pero la presencia de muchas de ellas fue notoria. Es curioso, pero entre ellas no existía ni un solo atisbo de semejanza. Todas eran distintas físicamente y, si hubiesen asistido en su totalidad, se podría haber encontrado una completa variedad racial, social y cultural.

Viéndolo desde el presente, pienso que lo que quería demostrarle a mi esposo es que ante todo le amaba y, aunque sus deslices me hicieran daño, lo que más me importaba en realidad era que nuestra unión tuviera las raíces bien arraigadas. No creo que él lo entendiese así. Para él, era un lujo que su mujer oficial fuera tan liberal que aceptara públicamente su comportamiento adúltero, aunque creo que dicha demostración por mi parte en realidad no le gustó nada, ya que de esta forma todo su misterio desaparecía y su protagonismo pasaba a segunda fila.

Para tal evento reservé toda la primera planta, en la que se encontraba un gran comedor con una enorme mesa ovalada que se adecuaba perfectamente al número de invitados. Tardé varios días en organizar con sumo esmero la ubicación de cada comensal. En un extremo situé al homenajeado y, rodeándole por los dos laterales, situé de forma más próxima a él a la hacedora de sus días y a sus amigos más íntimos. A continuación se iba sumando el nutrido ramillete de «ex», por orden de antigüedad. La mayoría acudió con sus respectivas o actuales parejas. Por último, en la cabecera opuesta me situé yo, rodeada por un lado por mis hijas y por el otro por la última adquisición de mi tierno consorte.

Recuerdo aquella noche como una auténtica pesadilla. Él, como siempre, llegó tarde. Esta vez los motivos se basaron en una problemática intervención y, cosa curiosa, no hace mucho me culpabilizó de su mala suerte en aquel día. No entiendo el porqué de tal aseveración. ¡Cómo y en qué podía yo haber influido en los problemas ocurridos en plena intervención quirúrgica! Lo curioso es que su ayudante llegó antes que él y se supone que los ayudantes son los que cierran la intervención.

Cuando por fin apareció, lo hizo de una forma típica en él. Llegó de repente, surgiendo teatralmente del pequeño ascensor que comunicaba los varios pisos del club. Con ello consiguió sorprender a todo el mundo que esperaba verlo entrar por la gran escalinata que accedía al salón, en el cual se estaba sirviendo un aperitivo. Se hizo un profundo silencio hasta que todo el mundo reaccionó adecuadamente y se agolpó en torno a él para desearle un feliz cumpleaños. Como siempre yo prestaba atención a todos y pude observar la incertidumbre de unos, el desconcierto de otros y la ironía en unos pocos. Muchos no se conocían entre sí y también chocaban entre ellos por sus distintas procedencias y profesiones tan dispares que, realmente, definían las varias etapas de la vida del que en aquel entonces ocupaba un lugar primordial en la mía.

La cena transcurrió de una forma más o menos tranquila. En algún momento oí alguna queja sobre el menú escogido. Prefiero no hacer comentarios al respecto. Yo no paraba de hacer fotografías para perpetuar aquel momento. ¡Cuál fue mi sorpresa cuando comprobé el resultado de mi trabajo!

La mayoría de las instantáneas tenían una definición fantasmagórica. De las tomas hechas por mis hijas había un resultado similar. En su totalidad, pocas fueron las impresiones que se pudieron salvar por considerarse lo suficientemente aceptables. La mayoría de ellas aparecía con las imágenes desdobladas; en otras, las figuras surgían borrosas. Parecía como si la cámara hubiera reflejado las estelas dejadas. Aquellas imágenes podrían haber pertenecido perfectamente al complemento de un artículo sobre un poltergeist. Al verlas, despertaban una sensación de doblez, de repetición, un intermedio en el espacio.

Era el encuentro de dos espacio-tiempo en el mismo segundo.

¿Realmente quería decir que mi vida estaba desdoblada o que yo no existía en el espacio-tiempo de mi esposo?

La velada transcurrió lentamente y, con franqueza, fue muy aburrida hasta que al fin se decidió acudir a una discoteca con los pocos que aún seguían allí. El final de la fiesta fue lamentable. Como siempre, tuve que coger el coche y regresar junto a mi hija pequeña a casa sin la compañía de mi pareja. Al llegar al hogar, fui recibida por el exuberante canto de mis pájaros. Aquello me conmovió y no pude evitar que las lágrimas corrieran por mi rostro. Pero todo ello desapareció al caer en los dulces brazos de Morfeo, o por lo menos así lo creí en aquel entonces.

Como siempre, volví a convencerme de que la relación empresarial que nos unía impediría que las infidelidades matrimoniales nos llevasen al naufragio. De nuevo volví a equivocarme y me hundí más en el barro de la desesperación cuando tuve un estúpido accidente en el extranjero, que provocó que no pudiera seguir trabajando en el arte. Aquello fue una paradoja del destino, ya que acudía para firmar un acuerdo con una galería extranjera que me permitiría exponer de nuevo fuera de mi país natal y lo que encontré fue que la vida me negaba otra oportunidad. Era como una constante repetición, una tremenda burla con la que el destino se ensañaba no dejándome alcanzar mis deseos y abandonándome totalmente al albur de una vida que me estaba ahogando.

Recuerdo que regresé de aquel fatídico viaje con el cuello sujeto por un collarín ortopédico. Al bajar del avión sentí como si un frío y gélido abrazo me oprimiese a pesar de que el día era caluroso y húmedo. Sentí una profunda soledad y casi no pude retener las lágrimas que asomaban a mis ojos. Nadie me esperaba en el aeropuerto. Tomé un taxi y me dirigí a recoger el coche que había dejado en un parking de la ciudad.

A duras penas cargué mis bártulos en su interior y me puse al volante en dirección al restaurante de la costa en el cual me esperaban mi hija pequeña y su padre. Cuando finalmente llegué y traspasé el quicio de la entrada sentí que una rara sensación me embargaba. Desde entonces siempre la he sentido junto a mí. Me senté en la mesa, junto a mi hija. Frente a mí estaba mi esposo. Su mirada era glacial y su trato hacia mí no fue el de un amigo preocupado. Su expresión fue más bien de fastidio y de repulsa.

A lo largo de mis años de convivencia observé en numerosas ocasiones que mis enfermedades le afectaban de una forma desmesurada, rayando la descortesía. No soportaba que estuviera enferma o que tuviera cualquier percance que me impidiera algún movimiento o realizar adecuadamente mi trabajo. Cuando esto ocurría, no sé cómo lo hacía, pero finalmente conseguía hacerme sentir culpable de algo, con una serie de recriminaciones que no venían al caso y que desencadenaban una discusión, en la que él siempre ocupaba el papel de parte ofendida.

A pesar de la incongruencia de la situación, interiormente yo siempre encontraba una disculpa a su egoísta actuación. La conclusión a que yo llegaba era que el pobre sufría por mi desgracia y que su reacción no era más que una demostración de su preocupación hacia mí. Que no era más que un ardid para motivar mi rápida curación. ¡Pobre ilusa! Cuando pienso en ello, veo que no me daba cuenta entonces de que a él sólo le importaba que alrededor suyo todo funcionara a la perfección. Yo no era más que un peón en su tablero de ajedrez.

Muchas veces llegué a pensar que la mayoría de nuestras disputas eran como una demostración de su amor hacia mí. De modo absurdo, llegué a la conclusión de que muchas de las eventuales trifulcas estaban provocadas, que sólo pretendía que actuasen como acicate para que yo desarrollara mi vena creativa. Supongo que ello fue debido al tópico que estigmatiza al artista: «cuanto mayor es el sufrimiento y el dolor, mayor es la capacidad de creación». Pero esto último es una auténtica falacia. La desgracia, el sufrimiento y el dolor no hacen más hábil al creativo, sino todo lo contrario. Lo único que provocan es que su arte sea árido, oscuro, retorcido y triste. Cualquier observador imparcial habría concluido que yo me hallaba fuera de la realidad. Realmente no se habría equivocado, pero ello sólo era el nefasto resultado de la ceguera del amor. Yo seguía profundamente enamorada de aquel hombre al que me había unido años atrás. Aunque en algunos momentos pudiera vislumbrar la cruda realidad, siempre encontraba una respuesta adecuada que disculpara tal comportamiento.

Volviendo a aquel día, el almuerzo transcurrió como era de esperar; lleno de discusiones que sólo consiguieron que aquella rara sensación obtenida al poner mis pies en tierra hiciera mayor mella en mí. Desde aquel día jamás me abandonó aquella extraña sensación de que algo no funcionaba bien.

Y en realidad algo no funcionaba bien. No sabía localizar dónde estaba la disfunción. No entendía nada de lo que indudablemente estaba pasando. Me preguntaba por qué mi pareja demostraba esa falta de preocupación por el estado de mis vértebras cervicales.

En aquel momento yo no sabía que mi recuperación sería extremadamente lenta y que debería hacer un esfuerzo enorme para lograr lo que al fin conseguí. Me habían recomendado reposo durante un tiempo razonable para más tarde empezar un proceso de rehabilitación que me llevaría a paliar los efectos del traumatismo.

Supongo que nadie le dio importancia a mi profesión, pero cuando intenté reanudarla comprobé que me resultaba imposible trabajar más de media hora seguida. Poco a poco mi estado nervioso se iba alterando cada vez más y la impotencia que sentía al oír los dictámenes médicos aún me causaba más perturbación.

Pasaba el tiempo y yo no mejoraba. Mi cuello se hallaba en una inestabilidad constante que me provocaba terribles dolores. Éstos me incapacitaban para cualquier cosa. Todo ello provocó que el resto de mi maltrecha columna vertebral empeorase, ya que a menudo debía ir con muletas. Durante mucho tiempo estuve ingiriendo analgésicos de todo tipo, e inyectándome corticoides para reducir la inflamación. Pero no mejoraba.

La pareja de mi hija mayor se había decidido a preparar el examen de acceso a la universidad para mayores de veinticinco años. Decidí que yo debía hacer lo mismo para ocupar mi mente en algo que me hiciera olvidar que ya no servía para nada.

A duras penas podía conducir, ya que siempre debía llevar un collarín que me sujetaba las vértebras. Asistiendo apenas a las clases preparatorias logré aprobar el acceso a la facultad de Derecho. La mañana que acudí para ver qué calificaciones había conseguido, no pude evitar una tremenda explosión de llanto, aunque esta vez de felicidad, al comprobar que había sido admitida y que a los pocos meses podría acudir a la facultad. Fue como si por primera vez se me brindara una posibilidad de reconocimiento de mi pequeño intelecto. Un jurado imparcial, desconocido, valoraba mi capacidad para seguir unos cursos académicos universitarios. Sin darme cuenta, en aquel momento, empecé a romper uno de los numerosos velos que impedían mi acceso al exterior. Yo, que de joven había sido una persona contestataria, que enarbolaba constantemente la bandera de la libertad e igualdad en el ser humano, despacio y sin percatarme de ello me había convertido en una hembra sometida totalmente al yugo intelectual de su pareja. Digo *hembra*, sin ánimo de ofensa para la especie, pero encuentro que es la perfecta definición objetiva de cuál era mi situación en el seno matrimonial. La personalidad que en un día fue alabada había sido totalmente anulada y, si en algún momento había algún atisbo de que fuese a salir de su prisión, se veía repentinamente aplastada de forma tan feroz, que no permitía discusión alguna. Mi amo y señor no soportaba que yo me saltara las normas de pleitesía obligada hacia él en público y cuando ocurría, su respuesta era contundente, pero siempre en la privacidad. Esas normas de pleitesía consistían simplemente en que yo debía permanecer siempre callada si él hablaba, aunque fuera una mesa concurrida y pudieran existir conversaciones cruzadas. Realmente le fastidiaba que yo le robase la atención de cualquier comensal.

Al recibir aquella feliz noticia, mi primera intención fue comunicárselo de inmediato. Mi marido estaba de viaje en la bizantina Venecia asistiendo a un congreso médico. Durante sus ratos libres se dedicaba a pasear a las mujeres de sus colaboradores o a los médicos de sexo femenino que necesitaban de su especial orientación en los pormenores de la lencería fina, pues ellas recurrían a él buscando su experto consejo, o por lo menos eso es lo que él me comentaba al regreso de sus viajes. Tenía prohibido acompañarle con la tonta excusa de que no había dinero para que yo pudiera asistir.

Fue su colaboradora quien me puso en contacto con él, ya que yo desconocía dónde se alojaba. Ella tenía línea permanente con él o eso es, al menos, lo que parecía. En cuanto recibió la noticia lo hizo público a sus contertulianos, ufanándose de que su esposa hubiese ingresado en la facultad de Derecho. Lo dijo de tal forma que todo el mundo creyó que su esposa era una veinteañera. Admiro su capacidad para lograr que un éxito ajeno pueda redundar en su favor.

A su regreso no hubo ningún comentario que me hiciese sentir una mujer feliz, orgullosa y admirada. Lo que yo había conseguido era algo que entraba en la normalidad. No había que darle más importancia. Quedaba claro que me llevaba de ventaja más de treinta años en el acceso a la universidad.

Mi ingreso en la facultad de Derecho fue el inicio del declive absoluto de mi relación matrimonial.

Al principio, parecía que el hecho de que su mujer se convirtiera en una estudiante le servía como motivo de charla y de ostentación de no sé qué y no sé con quién. Pero a medida que yo iba aprobando las asignaturas con buenas calificaciones, todo cambió. Mi pareja había encontrado de pronto un opositor demasiado fuerte para combatir durante los pocos ratos que nos veíamos. Por los conocimientos que iba adquiriendo, mi mente se hallaba más capacitada para poder contradecirle en los momentos en que en sus monólogos utilizaba de forma inadecuada cuestiones relacionadas con el derecho. Coincidió que nuestra hija menor cursaba también la carrera de leyes con la consiguiente consternación para el padre, ya que nosotras dos podíamos enzarzarnos en largas conversaciones sobre nuestro tema de estudio, algo inaccesible para él. Aunque él siempre intentaba reconducir la conversación hacia lo que era de su interés, lo hacía de tal manera que lo que consiguió paulatinamente fue el regreso a mi estado anterior de total enmudecimiento. Pero el daño ya estaba hecho y la brecha hacia mi revolución particular se iba ensanchando.

De cara al exterior y en según qué círculos, presumía de tener una mujer cargada de habilidades, y daba la errónea impresión a quien le escuchaba de que mi esposo sentía una gran admiración por mí. Pero él no dejaba que yo frecuentara a casi nadie de su entorno. Tan sólo una vez al año invitaba a unos conocidos suyos para demostrar la maravillosa casa que tenía o lo estupendo que era. Jamás me fue devuelta la cortesía y agasajo con la que les recibía. Al principio eran gente de una pequeña radio en la que él participaba como tertuliano. Tampoco los volví a ver nunca más aunque estas personas organizaban una fiesta dos veces al año a la que acudían sus respectivas esposas o parejas. Las veces que acudieron a casa demostraban ser un nutrido y avenido grupo. Las mujeres se conocían muy bien entre sí, demostrando con ello que se relacionaban a menudo desde hacía mucho tiempo.

Mi marido me invitó sólo una vez. Un día que me hallaba en Barcelona me lo comunicó a última hora, cuando no iba adecuadamente vestida para tal evento. Como consecuencia tuve que rechazar la invitación. Ninguna vez más me volvió a hacer partícipe de sus fiestas. Pero yo lo intuía siempre que me comunicaba que no podía venir a casa, primero el sábado y más adelante el domingo.

Por mi cabeza planeaba la terrible sospecha de que mi excelso esposo no quería mostrarme en público. Sentía que me escondía de las miradas externas, como si se avergonzase de mí o, algo mucho peor, como si se hubiera propuesto convencer a su círculo de nuevas amistades de que nuestra relación era prácticamente inexistente. Sus colaboradores más inmediatos tenían un concepto muy distinto de mí. Para la mayoría de ellos yo era antipática y una pobre y tonta niña rica a la que se podía explotar. Para otros mas íntimos yo era una mala persona que sólo deseaba perjudicarle, que lo tenía ahogado bajo mi yugo económico.

El doble juego que mi marido desplegaba en torno a mí y hacia el exterior sólo podía representar su falta de sinceridad hacia los demás. Era la forma que tenía de manipular sus mentes en beneficio suyo. De esto último me he percatado en estos últimos años.

Los dos últimos años de lo que se puede definir como «nuestra convivencia de fines de semana» (del domingo por la tarde al lunes después del almuerzo), las personas que él invitaba a casa pertenecían a su entorno médico, o por lo menos es lo que él me aseguraba. Curiosamente, en los últimos tiempos la mayoría de ellos eran psicólogos.

Poco a poco conseguía que mis apariciones en Barcelona se fueran espaciando cada vez más, hasta el punto de que me obligó a dejar de llamar a la clínica a causa de los supuestos comentarios que se generaban entre el personal de la misma y que llegaban a oídos de mi fiel esposo por una siempre bienintencionada colaboradora.

Las coletillas o chismorreos siempre giraban en torno a mi estado mental. No estaban cargados de maldad y no rozaban, en absoluto, la difamación. Simple e inocentemente se comentaba con respeto hacia mi persona que algo me debía pasar para que me hallase tan excitada y que todo ello se tradujera en una simple conversación telefónica hecha para una consulta o encargo médico, o simplemente para recordar cualquier impago.

Desconozco si estos comentarios eran ciertos pero el supuesto receptor de ellos, en cuanto me veía, me hacía partícipe de los mismos de forma recriminatoria y con el ruego de que fuera con cuidado cuando hablase con el personal de la clínica, ya que la gente empezaba a murmurar que yo no estaba totalmente en mis cabales.

Volví a sentirme de nuevo ahogada. Pero enseguida comprendí su significado. Se me estaba haciendo «luz de gas». ¿Qué es lo que realmente se pretendía con ello? ¿Intentar buscar la concesión judicial de mi incapacitación mental, para así poder administrar la totalidad de los bienes de una forma unilateral y, si era posible, encerrarme de por vida en un centro psiquiátrico?

Lo cierto es que no sabía qué pensar, pero empecé a inquietarme mucho por mi seguridad futura. Me sentía totalmente sola. No podía inmiscuir a mis hijas haciéndoles partícipes de mis temores. Desde hacía unos años me hallaba separada del contacto con mi familia directa. La única amiga que aún me quedaba había emigrado junto a su marido a Michigan, en Estados Unidos. Nuestro contacto se reducía a unas pocas llamadas. Casi siempre debía hacerlas a escondidas ya que si mi pareja se enteraba aprovechaba para recriminarme que yo gastaba mucho dinero, ya que podíamos relacionarnos a través del correo electrónico. El problema es que a mi amiga no le gustaba conectarse al ordenador durante su tiempo libre. Ella me comentaba que cuando desconectaba el ordenador de su trabajo, harta de ver la pantalla, prefería descansar la vista y no conectarse en casa. Además, en Estados Unidos el coste telefónico es inferior al nuestro y prefería platicar conmigo en plena libertad oratoria. Lamentablemente tenía que esperar a que ella me llamase y cuando lo hacía, siempre a última hora de la tarde del domingo, lo único que conseguía era recibir la consabida y reiterativa reprimenda de mi esposo.

Jamás pude entender sus quejas, ya que él se pasaba el tiempo que estaba en casa hablando sin parar por su móvil o el fijo. No siempre eran conversaciones de trabajo. La mayoría de las veces procedían de su colaboradora laboral más íntima.

A los temores matrimoniales se sumaban los de mi estado de salud. Desde hacía bastante tiempo me encontraba francamente mal. Tenía bajones muy fuertes de temperatura corporal, bruscas retenciones hídricas, fuertes dolores de cabeza, problemas auditivos y visuales.

Viendo una obra teatral perdí el conocimiento y tras el supuesto, aparente susto inicial de mi marido, éste no se volvió a preocupar del tema, ignorando incluso las recomendaciones de sus colaboradores médicos.

Mi estómago e intestino se habían vuelto tan vagos que ya no podían digerir prácticamente nada. Me alimentaba sólo a base de sopa de farigola (tomillo) y crema de patata, por lo que un día decidí intentar dejar el vicio de la nicotina que tan atrapada me tenía.

Me puse en manos de un acupuntor cuyo tratamiento se realizaba en tres sesiones muy costosas y algunas pocas más de refuerzo. Era un tratamiento que publicitaba con gran éxito y puedo dar fe de ello. Tras la primera sesión, en cuanto tomé el coche para volver a casa, no me pude contener y encendí un cigarrillo. Horrorizada, comprobé que me acababa de fumar el pitillo más caro de mi vida. Había convertido en humo noventa euros. Esto último fue lo que realmente consiguió que la ardua tarea emprendida fuese un éxito. Calculé cuántos cigarrillos debía dejar de fumar para poder recuperar el valor económico del tratamiento y así llegué a salir vencedora ante la tentación de realizar el «clic» del encendido de aquel placer tan ansiado. Llevo casi dos años dominando mi dedo, pero de vez en cuando me invade el placentero recuerdo del inexplicable momento en el que se convierte la primera aspiración del humo ansiado, del dulce aroma que te envuelve, del picante y amargo sabor de las briznas de tabaco en tu boca.

No tardó mucho en llegar la confirmación de que mis miedos podían convertirse en una realidad. Fue uno de esos raros y escasos días en los que mi esposo tenía a bien acudir a su visita semanal del núcleo familiar totalmente vacío, cuando comenzó el sinuoso trabajo para intentar convencerme de que padecía una grave enfermedad psiquiátrica maniaco-depresiva. Me aconsejaba que me pusiera en manos de un profesional médico, especialista en el tema, para que éste pudiera ayudarme a resolver dicha dolencia.

Él no paraba de insistir de una forma insidiosa y pertinaz en que yo era su súcubo, que era maligna y que sólo deseaba su mal. Yo no podía dar crédito a lo que oía. ¿En qué momento de nuestra relación había pasado de ser su proyección, su ectoplasma, a convertirme en su súcubo? Durante muchos años él se había jactado, tanto en privado como en público, de que yo era un fenómeno físico que provenía de él, que sin él no podía existir, que yo era sólo la expresión de su poder psíquico. Aunque me molestaba tal aseveración siempre intenté disculparla dándole la misma importancia que se le da a una chiquillada que sólo busca llamar la atención. Ahora pienso que ello se debía a algo menos superficial de lo que en un principio parecía.

Si me hubiese molestado entonces en analizar un poco más profundamente la cuestión, quizá hubiera llegado a la conclusión de lo inusual que era nuestra relación y cuál era el concepto real que mi pareja tenía sobre la que él predicaba como compañera de la vida. Pero, aunque así lo hubiera hecho, jamás hubiese aceptado que realmente él me considerara como algo absolutamente suyo, carente de entidad propia, tal como define la palabra *ectoplasma*. Por mucho que hubiese atisbado el sentido real que mi esposo tenía de la relación de pareja, la de la propiedad derivada del complejo de Pigmalión, no hubiera podido predecir el resultado final y menos aún cuando había dado un nuevo paso para considerarme algo tan negativo y opuesto como es un súcubo. En definitiva que, de pronto, ya no era un fenómeno provocado por él mismo: me había convertido en un demonio, que adoptaba forma de mujer para tener con él un trato pecaminoso y absorber toda su savia vital.

¿Qué podría deducir un psicólogo sobre estos hechos? Yo era incapaz de rebelarme ante ellos y siempre permanecí callada por el temor de que su ira se desatase contra mí.

Durante mucho tiempo, dichos comentarios se convirtieron en el pan nuestro de cada día, pero siempre dichos con la habilidad que le caracterizaba. Los comentaba en privado, sin que hubiera presencia humana alguna alrededor nuestro. Sólo estaban presentes los perros y, si ellos pudiesen dejar de ser testigos mudos, podrían contar cómo su amo conseguía que los platos volasen por el aire, estrellándose por doquier mientras que el contenido de los mismos se incrustaba en paredes, armarios y suelo de la cocina.

Recuerdo con dolor cómo las dos perras que se hallaban en el interior de la vivienda daban vueltas alrededor de nosotros, muy asustadas. Supongo que no podían entender nada de lo que estaba pasando entre sus amos. Creo que por eso él jamás intentó ponerme la mano encima y no sabremos nunca cuál hubiera sido la reacción de ambos canes ante tal situación. Entre lloros y desesperación yo me dedicaba a recoger y limpiar todo lo que mi marido en sus ataques había roto.

Lo peor eran los gritos, recriminaciones y la imposibilidad de defensa de la cual yo era objeto. Él siempre tenía razón y todo lo que yo intentase argumentar a mi favor no llegaba ni a entrar en saco roto. Creo que mis palabras se las llevaba el viento, no existían para él. En muchas de estas terribles escenas la actuación de mi esposo me recordaba a una diva de opereta. Su comportamiento era totalmente similar, dentro de lo astracanado.

Como si de una vicetiple se tratara, declamaba contra mí de una forma totalmente histriónica, a grito pelado, haciéndome culpable de sus fracasos, de la imposibilidad de ahorrar, sin aceptar que ello se debía a la mala gestión económica que él hacía junto a su íntima colaboradora, a la que había puesto al frente de la empresa familiar, y digo *familiar* ya que se había montado bajo los esfuerzos económicos de ambos.

Si yo intentaba defenderme de sus falsas acusaciones, la cosa se complicaba aún más, ya que siempre abogaba ferozmente a favor de la labor ejercida por su colaboradora más íntima en la empresa y responsable de la salud económica de la misma.

Viendo que nuestra relación era un absoluto desastre y ya que nuestras hijas habían dejado de ser niñas intenté proponerle nuestra separación, pero a ello, siempre, la única respuesta recibida era: «haz lo que tengas que hacer, que yo actuaré en consecuencia».

Nunca hice nada, ya que siempre me quedaba la esperanza de que aquello fuera pasajero. Llegaría un momento en que todo se calmaría. Realmente no me daba cuenta de lo errada que estaba al pensar tal cosa. Los años fueron pasando y jamás volvió un atisbo de calma. Con el tiempo nuestra ya escasa relación se fue encrispando hasta el extremo de hacerse tan insoportable que yo agradecía los domingos que él aseguraba no poder subir a casa por problemas de trabajo. Hasta que aparecieron sus insidiosas observaciones sobre mi estado mental, no pude comenzar a entrever un atisbo de la pura realidad en la que me encontraba.

Por motivos de ahorro familiar, hacía bastante tiempo que yo utilizaba los servicios médicos del Estado, así que pedí hora en el consultorio municipal al que pertenecía. Cuando por fin pude entrar en la consulta, tras una larga espera como es habitual en estos servicios médicos, le expuse los motivos de mi visita al amable doctor, responsable de mi historial médico. Desde un principio le insté a que me facilitara la petición para poder acudir a la consulta de un psiquiatra. Se quedó asombrado, mirándome. Me preguntó el porqué de aquella absurda idea. Sin ningún tipo de vergüenza le comenté que mi marido, médico de profesión, aseguraba que yo necesitaba de la ayuda y cuidado de un profesional en la materia por tener los rasgos característicos de un maniaco-depresivo.

El pobre galeno se quedó atónito y rápidamente me aseguró que yo no daba el perfil de una persona maniaco-depresiva. Que ésta era una dolencia muy seria y que no se podía opinar a la ligera sobre ella. Que yo no reunía las condiciones necesarias para padecerla y que si en un caso la padeciese, jamás podría estar cursando la carrera de Derecho bajo sus efectos. Supongo que debió intuir algún tipo de conflicto matrimonial, ya que me recomendó que acudiese a la consulta de un conocido psicólogo de la zona para que me pudiese proporcionar la ayuda necesaria, que el creía pertinente.

La primera vez que acudí a la consulta del profesional recomendado, me resultó muy violento tener que descubrir ante un desconocido lo más profundo de mi intimidad. Para mí fue un enorme suplicio. Fue como una violación consentida. Desde mi más tierna infancia, mi padre siempre había pregonado que las cosas de la familia debían permanecer en su interior y que jamás, sin excepción alguna, debían salir a la luz. Lo primero que le dije al facultativo era que yo acudía a su consulta para que diagnosticase en un informe si yo realmente padecía de la dolencia que provocaba un estado maniaco-depresivo.

En su interior debió de pensar que no estaba en mis cabales, pero jamás se atrevió a darle voz a este pensamiento, haciendo honor a su profesión. Me recomendó que buscara un buen abogado que me informara sobre cómo iniciar una separación matrimonial. En su opinión era lo que realmente yo necesitaba. Por desgracia no seguí el consejo. A pesar de todo, aún tenía esperanzas de que aquel mal sueño se acabase.

Tras múltiples sesiones semanales, que mis buenos euros me costaban, me atreví a recordarle el cometido inicial de mi petición. Al final no tuvo más excusa para retenerme en su consulta y comenzar a elaborar el informe por el cual había sido contratado.

Lo que siempre me sorprendió mientras estuve asistiendo a la terapia de psicoanálisis fue la insistente recriminación de mi esposo. Pensaba que aquella psicóloga —siempre pensó que se trataba de una mujer— sólo nos estaba perjudicando, que estaba destruyendo nuestro matrimonio. Nunca se enteró de que mi psicólogo era un hombre. Río ahora al pensar la cara que pondrá si lee estas líneas, o cuando se entere de que su gran enemiga no era tal..., era él.

Lo curioso de toda esta terapia psicológica es que fue un hombre el que me recomendó de forma facultativa que dejara mi relación matrimonial por ser excesivamente nociva. Para mí fue muy importante, ya que aunque fuera un varón había mantenido la suficiente ética, objetividad y profesionalidad para saber dilucidar dónde se hallaba el problema que me afectaba.

Era la primera vez que me encontraba ante un hombre que tenía la suficiente libertad y equilibrio mental para ser imparcial y aconsejar de manera neutral. He de reconocer que mi esposo, intuitivamente, tenía razón al expresar su desaprobación por la actuación del psicólogo y la influencia que ejercía sobre mí. Si no hubiera sido por este último, jamás me hubiera atrevido a dar el gran paso...

V

EL DESPERTAR

Estábamos a las puertas de diciembre y las Navidades eran inminentes. Ya no me atrevía a volver a enfrentarme a otra Navidad como la vivida el año anterior. A mi esposo las fiestas navideñas jamás le habían entusiasmado. Le provocaban un estado depresivo. Las encontraba falsas. No comprendía por qué la gente se reunía para festejar algo que no le importaba y participaba tan alegremente de algo tan absurdo y que no sentía.

Para él, la celebración del solsticio de invierno no era más que una de las múltiples festividades hipócritas que debíamos aceptar con resignación. En cambio para mí, la antigua celebración celta de la fiesta de Yule junto a la celebración del despertar de Wotan y el hecho de dar alimento a los duendes y seres espirituales que visitan el hogar era muy importante.

Estábamos en total desacuerdo. Yo esperaba la Navidad con anhelo como consecuencia del grato recuerdo que tenía de ella desde mi más temprana infancia. Al contrario que él, a mí lo que más me maravillaba de la festividad del solsticio de invierno era la reunión familiar en la cual cada uno debía ocuparse de su cometido, mientras los jóvenes debían esperar el momento ansiado sin perturbar el orden familiar.

Yo me quedaba embelesada, observando cómo mi padre adornaba el abeto comprado para tal ocasión. El árbol, que casi tocaba el techo, se colocaba en una esquina del salón. Siempre era muy frondoso y mi padre, para que las ramas cambiaran su inclinación hacia el suelo, les colgaba unas naranjas en sus extremos emulando el peso de la nieve ejercido en ellas. Acto seguido escogía unas bellas esferas de cristal que surgían envueltas en papel de seda de una caja de cartón que mi madre había sacado de algún rincón, disponiéndolas de forma ordenada sobre la cómoda china.

Estaban cuidadosamente elaboradas, de manera que la mayoría de ellas recordaban a los copos de nieve por el dibujo del grabado o flocado de su superficie. Otras se asemejaban a los frutos del árbol mismo formando la figura de unas piñas labradas de tonos plateados. De una en una iba extrayendo de las cajas aquellos adornos puramente navideños. Por su fragilidad las colocaba con sumo cuidado en cada rama. Jamás llegué a entender cómo mi padre podía manejar algo tan delicado con aquellas manazas, que por su tamaño parecían garras de oso. Iba colocando de una en una y, de mayor a menor, aquellas burbujas de cristal sopladas a mano, sin que una sola se estrellara en el suelo. Finalmente, cuando creía que ya había suficientes adornos, colocaba un último la cúspide del árbol, uno también de cristal, que remataba su punta en forma de lanza hacia el cielo.

De él y con él aprendí a amar y valorar la Navidad. Mientras mi padre hacía los honores al homenajeado de la noche, en la cocina se guisaban suculentos manjares que presidirían y harían las delicias de nuestra mesa. Para aquella ocasión, era costumbre en la familia vestirse con esmero y lucir nuestras mejores galas para festejar tal evento.

Hacia las nueve de la noche tomábamos asiento alrededor de una elegante mesa, cubierta por un fino mantel de hilo bordado con punto de sombra en la que destacaba la delicada porcelana alemana que parecía flotar sobre los bajoplatos de plata, coronada por un fino cristal y bordeada por una bella cubertería también de plata labrada, que mi madre sólo utilizaba en contadas ocasiones. Una vez finalizada la suculenta cena, que cada año se repetía de igual modo, nos trasladábamos al salón donde las únicas luces que iluminaban eran las desprendidas por las numerosas velas blancas encendidas que mi padre había distribuido por todo el árbol.

Mi hermana y yo entrábamos despacio, y cuando llegábamos donde se encontraba el árbol tan bellamente adornado siempre nos quedábamos con la boca abierta al ver los numerosos paquetes que invadían toda su base.

Eran de diverso tamaño y estaban envueltos con finos papeles de distintos colores, decorados con motivos navideños, atados con delicadas cintas de seda y oro de finos tonos y en cuyo lazo se hallaba anudada con un hilo dorado una pequeña tarjeta que contenía el nombre del destinatario de dicho paquete. Siempre había maravillosos regalos para todos.

Desde entonces, en cuanto nos acercamos al final del otoño, mi corazón empieza a encogerse hasta la llegada de este día tan venerado.

Yo había intentado que en mi nueva célula familiar fuera implantada con éxito aquella tradición, pero a pesar de mis esfuerzos no lo logré. El abismo cultural era demasiado grande y ahora comenzaba a entender los velados argumentos de oposición, por parte paterna, a mi unión matrimonial con alguien tan distante a mis raíces. Sólo mis hijas aceptaron sin reparos la onomástica del solsticio de invierno y con ellas pude retomar aquellos años vividos de mi infancia, en los cuales la familia se unía con armonía y amor en torno a una mesa, en torno a un árbol como excusa para olvidar las rencillas existentes y lo malo que el presente nos deparaba.

Por desgracia sólo lo conseguí con ellas. En cambio con su padre fracasé de una forma estrepitosa. Yo creo que el quid de nuestro fracaso matrimonial se podría hallar en gran parte aquí, en la falta de amor, en la falta de comprensión, en la falta de aceptación, en la falta de tantas cosas... Las últimas Navidades juntos habían sido un auténtico desastre, jamás lo llegué a entender, pero siempre me levantaba al día siguiente llorando por el gran vacío que la noche anterior había realzado.

Desde que había abandonado el domicilio paterno para contraer matrimonio, prácticamente todas las Navidades se habían celebrado en casa. Al principio las festejábamos solos pero más adelante se incorporaron a ellas la familia de mi marido y cuando surgieron problemas con ella, fue mi familia paterna la que acudió durante unos años a nuestra cena de Nochebuena, hasta que finalmente también esos lazos se rompieron.

Yo seguía la tradición navideña adquirida en mi casa, pero la había ampliado en lo que se refiere a la elaboración gastronómica, convirtiendo ésta en una auténtica fiesta para mis hijas y para mí. De la decoración del árbol se encargaba la menor de las dos, casi siempre a regañadientes.

Mi hija mayor y yo nos dedicábamos al arte culinario y para ello empezábamos a elaborar los platos la tarde anterior. Mientras ambas nos ufanábamos entre las ollas y los fogones, la benjamina nos preparaba unos Margaritas que nos alegraban y facilitaban la tarea. El primer plato siempre variaba, pero el plato fuerte era el que marcaba la tradición familiar, ya que se debía realizar por medio de una antigua receta de mi abuelo paterno. Con el paso de los años la cambié, y ahora poco se parece a la inicial. Creo que he conseguido mejorarla.

Es un típico pavo relleno, pero su secreto está en la elaboración del relleno y su contenido, de la forma de guisarlo en el horno, de su acompañamiento basado en un sinfín de verduras de variado color y de unas patatas suaves en su interior y doradas y crujientes en su exterior, estas últimas receta de mi abuela materna. De esta manera se unían las dos nacionalidades, la suiza y la italiana. Finalmente, el broche con el que se clausuraba tan opípara cena era un dulce típico navideño de Centroeuropa que imitaba la forma de un tronco de árbol. Mi hija y yo nos convertimos en unas expertas en su elaboración. Siempre dejábamos para lo último su decoración y mientras nos esmerábamos en ella los Margaritas fluían con alegría, acompañados por una alegre música que sonaba con fuerza inspirándonos a seguir su ritmo en nuestro trabajo. En el aire se podía palpar júbilo y armonía entre las tres. Para mí —y no sé si para ellas también—, aquel andar entre cazuelas y copas llenas de una refrescante composición de menta, limón y tequila, que no cesaban de manar hasta las tantas de la madrugada, era la auténtica Nochebuena.

Recuerdo con gran alegría aquellos preparativos, aunque éstos no compensaban lo suficiente los amargos resultados de los días siguientes. Era como si recibiéramos un castigo por haber disfrutado tanto mientras trabajábamos en la confección de la cena.

El padre de mis hijas solía llegar normalmente al final de la tarde del día 24 de diciembre. Siempre encontraba un sinfín de excusas para retrasar la llegada en aquel día. Nunca pude entenderlo. Al principio se lo discutía pero pronto tuve que conformarme y aceptar lo inaceptable. Un día, como excusa, me dijo que no podía llegar antes porque tenía que acompañar a su colaboradora más íntima para que pudiese comprar sus regalos de Navidad. Luego debía acompañarla a su casa puesto que ella no tenía coche. (Miento. Tenía coche, pero carecía de permiso de conducir. ¿Para qué querrá alguien tener un coche si no puede conducirlo? Jamás supe la respuesta.)

Tampoco entendía que mi esposo no tuviese inconveniente en hacer de chófer de un empleado cuando siempre que yo se lo pedía se negaba a complacerme, y conseguía crear una discusión en la que me recriminaba mi falta de coherencia por hacerle esa petición. La totalidad de su tiempo debía emplearla en conseguir dinero para seguir manteniendo a su familia: «Si pierdo el tiempo en tonterías no podremos comer».

Para evitar que las discusiones proliferaran transigí hasta un límite en el que no había posibilidad de marcha atrás.

En cuanto traspasaba el umbral de la puerta de entrada, lo primero que nos decía era que apagásemos aquel ruido provocado por la alegre música que escuchábamos. La fiesta se había acabado. Le obedecíamos con resignación y sin apenas rechistar, a sabiendas de que si no lo hacíamos nos arriesgábamos a que se enfadara. Era lo que menos queríamos en aquellos momentos.

Nosotras deseábamos que nuestra Nochebuena transcurriera de una forma plácida y armoniosa. Que por un día nuestra pequeña familia se mostrara unida y feliz. Aunque sabíamos que esta gesta era casi imposible no cejábamos en el empeño. Y aunque nunca conseguimos que fuera perfecta, tampoco fue un desastre. Sólo en los últimos años, el día siguiente era el comienzo de lo que finalmente sería un infierno. Lo que en un principio había sido el intento de una celebración familiar —y digo *intento*, ya que sólo se quedaba en ello—, de manera lenta y pausada se convertía, sin apenas uno darse cuenta, en una auténtica pesadilla.

No llegué a entender entonces, y no me imagino todavía ahora, el porqué de tanta amargura en una persona. ¿Qué es lo que le impedía ser feliz, aunque sólo fuera unos instantes? Y aún menos puedo concebir que no dejara que otros lo fueran. No comprendo que no entendiera que, para nosotras, era muy importante el disfrutar de una irrealidad una vez al año. Ya sabíamos que la vida no es un lecho de rosas. Que el día a día es agotador y que intentar llegar a fin de mes puede representar una odisea de enormes dimensiones, pero todo ello se soporta mejor si, una vez al año, nos olvidamos de todo y aparentamos que el bienestar y la felicidad se instalan en nosotros. Pero a medida que los años pasaban la amargura era mayor.

Creo que iba en consonancia a la cada vez mayor falta de interés del progenitor de mis hijas por refugiarse en el hogar y tener que permanecer en él, alejado por unos días de su verdadera familia —sus colaboradoras más íntimas— y su verdadero hogar —el lugar del trabajo—. Hubiera sido más honesto que de una vez por todas hubiese reconocido que no le gustábamos y que, en lugar de hacernos pagar su desasosiego, se hubiera decidido a dejarnos definitivamente. Pero hasta para esto demostraba su cobardía. Prefería aguantar una vida que no le gustaba haciéndonoslo pagar con desmesura. Era mejor que enfrentarse a la realidad.

Si quería amargarnos las Navidades, que fuera para toda la vida. Fracasó y no consiguió erradicar el espíritu navideño de nuestros corazones. Por suerte para nosotras, éste se hallaba fuertemente arraigado en lo más profundo de nuestro ser.

Aquellas últimas Navidades las celebramos los dos solos y transcurrieron gélidamente, sin ninguna muestra de amor. Con la ausencia de nuestras dos hijas.

Aquel diciembre no se encendieron los fogones para preparar la cena de Nochebuena. Tampoco se adornó ningún árbol para festejar el solsticio de invierno. Como nuestra relación era demasiado fría y como mi esposo jamás entendería mi necesidad de tener una celebración tranquila junto a mis seres queridos, decidí que lo mejor sería que nos fuéramos, sin más compañía, a cenar a un conocido restaurante de los alrededores.

Para que él pudiera permanecer más tiempo en la metrópoli junto a sus seres queridos, nos encontraríamos directamente en el lugar de la cena. Fue una velada triste y aburrida. Me entregó el último regalo de Navidad que recibiría de su parte. Fue el mismo que le hizo a su colaboradora más cercana. Aunque supongo que ella recibiría alguna cosa más...

Desde hacía unos años mi salud no era la más saludable pero últimamente había empeorado de forma alarmante. Ya no sólo se trataba de la casi invalidez provocada por los problemas vertebrales, ni de mi constante cojera. Algo se había sumado a todos los males que me aquejaban. Mi cuerpo se estaba transformando de una forma que yo ni entendía ni aceptaba.

Mi mente se estaba fragmentando y el olvido empezaba a ocupar casi la totalidad de su espacio.

Un día, mientras intentaba comprender un espectáculo de danza moderna, traté de cerrar mis oídos al estruendoso y lacerante sonido de su música (¡si a un sinfín de cacofonías se le podía llamar *música*!), y me vi de pronto tendida en el suelo. A lo lejos se escuchaban unas voces muy quedas que me hacían preguntas. Había perdido el conocimiento. Cuando finalmente empecé a recuperar la conciencia, y aunque mi marido se encontraba junto a mí, me sentí como si estuviera totalmente sola. Una gran tristeza me invadió. De aquel insólito momento, el único recuerdo satisfactorio que tengo (si así se le puede denominar) es el hecho de que mi inoportuno desmayo tuviera como consecuencia que tanto mi esposo como su apreciada colaboradora se perdieran el resto de aquella horrible representación de danza.

Se había llamado a un servicio de ambulancia, pero cuando ésta se presentó mi íntimo médico personal decidió que sus servicios no eran necesarios y junto a su compañera me trasladaron a la clínica de nuestra propiedad para tomarme la presión y comprobar mis pulsaciones.

Mientras me hallaba tendida en una camilla con el pulsímetro colocado en uno de mis dedos, el sonido pulsante que emitía al son de mis latidos llenaba la totalidad de aquel ambiente tan frío. Me sentía profundamente sola, como si para ellos sólo fuese una carga con la que no sabían realmente qué hacer. En ningún momento tuvieron una palabra de cariño, ni me cogieron la mano para darme consuelo, ni intercambiaron conmigo una cálida mirada que me reconfortara. Si me hubiese encontrado en las manos extrañas de un servicio de urgencia, seguramente hubiese recibido algo más de humanidad que la que recibí en aquellos momentos. Sentí que estorbaba, que estaba de más.

De tanto en tanto él o su amiga aparecían en la estancia y, tras varias conversaciones telefónicas con su anestesista para ver qué se debía hacer conmigo, mi marido decidió finalmente que ya me encontraba lo suficientemente recuperada y nos trasladamos los tres a su tasca preferida para ingerir algún alimento. Yo había llamado a mi hija para que viniera a recogerme y llevarme a casa ya que no estaba en condiciones de conducir.

Desde entonces nunca más he vuelto a conducir de la misma manera.

Mientras esperaba su llegada me sentía inmersa en una profunda soledad y total abandono por el que yo consideraba el compañero de mi vida. Fue como si algo se desgarrara dentro de mí. Su falta de amor y de cuidado actuó como si de un puñal se tratara. La herida que causó fue profunda y en aquel mismo instante la venda que cegaba mis ojos comenzó a debilitarse dejando que su tejido comenzara a ser translúcido. Dejó que nuestra hija me llevara a nuestra casa, mientras él se quedaba junto a su amiga tomándose unas copas.

Al día siguiente estaba prácticamente todo olvidado y no se volvió a hablar de las pruebas recomendadas por su anestesista y que yo debía hacerme.

Por decisión propia, acudí a la consulta de un médico amigo que me recomendó que visitara a un neurólogo. Éste me diagnosticó un posible desequilibrio en el sistema neurovegetativo. La medicación que recibí no mejoró mi estado. Al contrario, cada vez me encontraba peor y mi memoria empezó a flaquear. Tenía que hacer un enorme esfuerzo para concentrarme en mis estudios. Apenas podía memorizar unas pocas líneas. Siempre había tenido una memoria prodigiosa y me estaba convirtiendo en una desmemoriada. Aunque yo lo ignoraba, se había iniciado mi declive físico.

Mi olor corporal empezó a cambiar. Ya no olía bien. De mi interior se desprendía un tufillo a rancio que de pronto reconocí como el de las personas ancianas. Este olor a viejo me crispaba de tal manera que comencé a no soportarme a mí misma. Estaba todo el día poniendo colonia en todos los lugares que habían estado en contacto conmigo y, en particular, en las sábanas del lecho matrimonial. Esto provocó fuertes y frecuentes discusiones, ya que mi esposo consideraba que lo hacía para hacerle saber de forma solapada que el que olía mal era él.

Mi piel se estaba ajando a marchas forzadas, volviéndose de una fragilidad inusual al contacto con cualquier producto de higiene corporal. La terrible consecuencia fue que tanto la piel de las palmas de las manos como la de los pies se laceraba hasta tal extremo que llegaba a sangrar.

Mi vista iba perdiendo potencia y capacidad a pasos agigantados. Casi no podía ver con claridad cualquier tipo de texto. La única ventaja era que las múltiples arrugas aparecidas en mi rostro permanecían ocultas a mi vista y de esta forma me evitaba el suplicio de vislumbrar en qué me estaba convirtiendo. Eso que dicen las personas mayores de que *por ellas* no pasan los años es cierto, ya que realmente uno mismo no se percata con claridad de ello.

Volviendo atrás la mirada, al observar fotografías de la época puedo observar cómo mis facciones se habían deformado hasta tal extremo que mi semblante había perdido por completo su anterior armonía y se asemejaba a una máscara diabólica china. No comprendo cómo nadie se percató de ello. Y si habían visto tal transformación, ¿por qué no tomaron cartas en el asunto intentando averiguar lo que realmente me estaba ocurriendo?

Sin apenas darme cuenta, mi abundante cabellera se debilitó de tal manera que se formaron unas enormes entradas frontales, mi rostro se parecía cada vez más al de una incipiente anciana. El día a día se hacía insufrible.

Cada mañana, al despertarme, después de una agotadora noche llena de desvelos, el solo hecho de adoptar la posición vertical se convertía en una ardua tarea. Hasta que mis articulaciones no se calentaban, casi no podía sostenerme en pie.

Cuando mi pareja me veía de tal guisa, sólo salían de su boca escarnios y burlas: «¿Quieres que te coloque un arnés en el techo que te sirva de grúa?». Yo, con una amplia sonrisa en el exterior y una rabia interna que apenas podía controlar, le agradecía su sublime preocupación por mi bienestar.

La depresión empezó a hacer mella en mí cuando comencé a perder audición. Como no oía bien, sin darme cuenta, poco a poco empecé a levantar el tono de voz al hablar. El resultado fue totalmente nefasto. Las personas que me rodeaban no entendían por qué, de pronto, gritaba tanto cuando me dirigía a ellos. No fueron capaces de reconocer que tenía un grave problema y sólo eran capaces de recriminarme el mal trato que mostraba hacia ellos. Empecé a comprobar el verdadero aislamiento del anciano, la falta de comprensión del capacitado hacia el incapacitado.

Unas veces las voces de impaciencia y otras las recriminaciones empezaron a ser asiduos compañeros de viaje. De un viaje de paso demasiado lento, trabajoso y cuya meta final se hallaba aún demasiado lejos.

Empecé a tener problemas de peso y de retención de líquidos que todavía empeoraban más mi escasa movilidad. Apenas comía y, sin embargo, no paraba de engordar. Y mi tierno esposo seguía insistiendo en que lo mío era totalmente mental, que ya estaba hasta las narices de mis constantes males. Que lo que tenía que hacer era, en lugar de quejarme tanto, ponerme «a trabajar de una puñetera vez» y «aportar a la economía familiar algo más que quejas».

Yo sabía que lo que me estaba pasando no era normal en una persona de mi edad. Finalmente, conseguí localizar a un endocrinólogo que me comunicó la defunción de mi glándula tiroides. Era la causante de todos mis males físicos. Por desgracia ya no volvería a ser como antes. No podría ya recuperar la salud perdida. Los estragos ocasionados eran definitivos, sólo se podría controlar su progresión con la medicación.

En el plazo de cuatro años había pasado de ser una mujer joven a convertirme en una decrépita anciana sin posibilidad de retorno.

En aquel momento decidí que no tenía ganas de perder el control de mi mente en un futuro. La vida me había proporcionado algo inalcanzable para muchos: el saborear la senectud antes de tiempo y digo *saborear*, ya que el gusto cambia totalmente al igual que el olfato.

No quiero pecar de mal gusto, pero al envejecer, nuestro cuerpo desprende un olor ácido, rancio y muchas veces parecido al tufo que deja el pescado cocinado desde hace horas. Por las mañanas cuesta enormemente engrasar las articulaciones y la musculatura tiene un difícil despertar de su anquilosamiento. La forma de andar se asemeja a la de un autómata mal fabricado. Es imposible levantar un pie para poder andar, sólo se le puede arrastrar con auténtico esfuerzo.

Poco a poco vas perdiendo visión, lo que lleva a abandonar cualquier lectura por la dificultad que ello entraña. Tu oído se vuelve duro y esto hace que paulatinamente levantes más el tono de voz y al fin acabes gritando. La única respuesta recibida de tu entorno será «Calma, tranquila, estás muy nerviosa», y aunque intentes explicar realmente cuál es tu verdadero estado, nadie te escuchará. Incluso pondrán en tu boca falsedades que serán muy difícilmente rebatibles. Puede llegar un momento en que sientas cómo se estrecha la frontera entre la razón y la locura e, incluso, empezarás a dudar de ti mismo.

Las noches se hacen ostensiblemente largas debido a las horas de insomnio provocadas, en parte, por la necesidad de satisfacer las constantes micciones nocturnas y por la incapacidad de controlar el dolor corporal; y como consecuencia de la falta del necesario descanso, el sistema nervioso se resiente.

El sueño nocturno insuficiente lleva a dormitar durante el día, sobre todo después de haber ingerido cualquier alimento, con el resultado final de una digestión pesada y lenta. Esto genera más tensión. Se empieza a perder memoria a corto plazo, facilitando que acontezca cualquier tipo de percance o accidente de más o menos gravedad, lo que aumenta, más aún, la fragilidad nerviosa, que finalmente aboca en el inicio de un inacabable círculo vicioso, cuyo único resultado será la degradación de la persona al recibir sólo ignorancia de su entorno inmediato.

Te sientes enterrado prematuramente. Estás vivo pero al mismo tiempo estás muerto. Sientes, respiras, oyes y ves, pero a ti nadie te oye, ni te ve y, lo peor de todo, nadie te siente. Tienes la sensación de que te hallas en un espacio de tiempo que impide que la comunicación con el resto del mundo sea factible. Te sientes solo, enormemente solo y tu único salvavidas es la imaginación. En ella te aislarás aún más del mundo real.

De esta forma, sin darte cuenta, te has vuelto viejo. No el viejo de antaño necesitado por su sabiduría y experiencia. Te conviertes en lo que la sociedad de hoy en día rechaza, en un despojo humano al que hay que esconder, que sólo es un estorbo y del que hay que desprenderse lo más rápidamente posible. No cumple con los estereotipos estéticos actuales. No puede participar de una vida familiar inexistente debido a unas ansias desmesuradas de producción.

Los valores familiares del siglo pasado han desaparecido. La familia se disgrega lentamente, sin apenas percatarnos para que podamos poner remedio a tal desastre. La vida de este siglo nos sumerge en una vorágine devastadora, que nos impulsa al individualismo, a formar células unipersonales, a vivir en espacios reducidos, a tener relaciones asépticas, a cultivar el onanismo como máximo placer, a olvidarnos del amor, de la piedad, de la comprensión, de la aceptación.

Hemos vuelto a la prehistoria. Ahora sólo pensamos y actuamos como depredadores natos. Nuestra subsistencia inmediata personal es lo único que importa y para conseguirlo, vamos dejando alrededor nuestro una ristra de cadáveres formados por los que antes considerábamos familia y amigos. Si alguien se atreve a oponerse a nuestros deseos, somos capaces de desollarlo vivo sin ningún tipo de contemplación, olvidando que un día formó parte importante de nuestra vida, o por lo menos así lo parecía.

Conclusión, el viejo, con mayor razón, es rechazado, maltratado, abandonado, olvidado y, si hay suerte, recluido en los centros penitenciarios tan florecientes hoy en día como negocio, llamados geriátricos, para que de esta forma nuestra conciencia sea acallada.

Yo me pregunto: ¿cómo podemos engendrar a nuevos descendientes si no sabemos cuidar a nuestros progenitores?

La aparición de mi dolencia me permitió ver por fin lo que me depararía la vejez junto a mi pareja.

Nunca había dado importancia al hecho de que mi esposo hubiera tenido comportamientos hacia mí que no me gustaban y que, en muchas ocasiones, me hacían sentir humillada y degradada en nuestra convivencia. Yo amaba profundamente al padre de mis hijas y muchas veces había aceptado sus críticas y despropósitos como si de un acicate se trataran para producir más en mi trabajo. Siempre había intentado ver la parte positiva en nuestra relación. Cuando me recriminaba, intentaba disculpar su comportamiento autoinculpándome una vez que la discusión pertinente hubiese acabado.

Lentamente me había convertido en una experta analista de las relaciones humanas o eso creía, pero no me daba cuenta de que no era ecuánime en mi juicio, ya que la balanza siempre se inclinaba negativamente hacia un solo lado, el mío.

Al día siguiente de una de las numerosas peleas que teníamos, me dedicaba a analizar exhaustivamente todo lo dicho en ella y con frecuencia llegaba a la terrible conclusión de que el problema se hallaba en mí, que era yo la que debía hacer el esfuerzo para mejorar, pulir y dominar mi personalidad. Y así transcurrieron los años en los cuales yo perdía seguridad y autoestima mientras mi opositor ganaba firmeza y razón en sus actuaciones. Digo *opositor*, ya que nuestro matrimonio comenzó a parecer una competición de despropósitos aunque normalmente sólo había un competidor, ya que el otro final y simbólicamente tiraba la toalla. Había perdido por completo la visión de la realidad, pero ahora se desprendía de mis ojos el velo que los empañaba.

En mi error, creía conocer a mi pareja y jamás llegué a sospechar que de mí sólo le interesaban la estética, la salud y mi capacidad económica y laboral. Cuando los estragos de una vejez anticipada hicieron mella en mi persona, en lugar de recibir apoyo y comprensión, recibí rechazo y ensañamiento.

Paulatina e insistentemente me machacaba con cualquier excusa válida para él. En cuanto llegaba a casa no paraba hasta provocar cualquier tipo de pelea. Todo lo que yo hacía estaba mal hecho. Aunque me esforzara, siempre había algún punto que, en su opinión, fallaba. Si me preocupaba de que el interior de nuestra casa se hallase en perfectas condiciones, me recriminaba que el exterior no estaba correcto y que debía ocuparme más de él. Si así lo hacía, el fallo estaba en que no debía ocuparme del exterior y que sólo debía hacerlo del interior. Aprovechaba cualquier ocasión para recriminarme el gasto consumido durante años en el cuidado del jardín y en la cantidad de dinero que le costaba el mantenimiento de la finca.

Jamás contempló la cantidad de horas que yo dedicaba al cuidado de nuestro hogar. Me levantaba muy temprano y, prácticamente, no descansaba durante todo el día. La luz desaparecía y aún me encontraba trabajando en el jardín. Durante muchos años tuve que ejercer de hombre y mujer al mismo tiempo en lo referente a la responsabilidad del hogar e hijos, ya que aunque siempre me decía que le llamase si lo necesitaba, si lo hacía lo único que yo podía esperar de él era la respuesta típica del que no quiere ser molestado: «Tengo muchos problemas y todo el mundo acude a mí para que yo solucione los suyos, pero a mí nadie me ayuda con los míos». Poco a poco dejé de llamarle, procurando solucionar como podía los obstáculos que iban surgiendo.

En otras ocasiones aprovechaba cualquier festividad familiar para entablar una filípica sobre el gran sufrimiento que padecía, lo desgraciado que era y lo que le costaba la finca. Siempre aprovechaba para recriminarme que yo no le sacase un rendimiento económico. Se quejaba de lo mucho que trabajaba y de que yo no hacía nada para ayudarle económicamente. «Eres una fuente de gastos para mí», me recordaba. Decía que todo el mundo vivía a costa suya y que un día se iba a cansar y desaparecería dejándonos para que nos espabiláramos en ganar nuestro sustento.

La última vez que montó su número favorito en público fue el día del cumpleaños de nuestra hija mayor. Consiguió amargarle la noche a ella y, por supuesto, al resto de los invitados.

No soportaba que nadie pudiera ser un poco feliz sin serlo él o, simplemente, es que conseguía ser feliz amargando a las personas que lo queríamos.

Recuerdo que en contestación a una de estas quejas le recordé que él se había casado con una artista y no con un empresario, que yo había abandonado mi profesión para dedicar mi vida a ayudarle en su empresa sin recibir nada a cambio y que, al mismo tiempo, me había ocupado del hogar y del cuidado de nuestras hijas, de cómo prosperaban en sus estudios, y demás.

Él volvía siempre a la misma cantinela. Era como un disco rayado. Ya no sabía qué hacer para reducir gastos. Pero aunque hubiera podido sacarle algún rendimiento económico a la finca creo que habría encontrado otro motivo de crítica para poder demostrar una vez más su descontento hacia mí.

Aun así, yo me resignaba esperando que llegase aquel momento, tan deseado, que llenara de paz y armonía el hogar que compartíamos. Esa esperanza empezó a resquebrajarse en cuanto los ataques verbales de mi esposo se multiplicaron, de tal forma que en todos nuestros contactos sacaba a relucir todo lo malo que encontraba en mí.

No sólo fueron los ataques verbales los que proliferaron, a ellos se les sumó un comportamiento totalmente extraño para una persona tan meticulosa en la higiene personal como era mi esposo. No recuerdo con exactitud el momento en que se inició tan extraño comportamiento, pero de repente, en sus días de visita, empezamos a notar que dejaba de tirar de la cadena del inodoro, abandonando a la vista todos los desechos. No contento con ello, una vez finalizadas sus defecaciones matutinas, regresaba al lecho dejando en las sábanas la huella palpable y bien visible de su desahogo matinal.

Al principio pensé que se debía a un posible despiste, pero al hacerle partícipe de los hechos y rogarle que tuviera un poco más de cuidado, ya que el servicio empezaba a quejarse y con razón (encontrarse un montón de mierda no es plato del gusto de nadie), pareció que le molestaba mi comentario y a partir de entonces ese comportamiento se convirtió en cotidiano.

Empezó a ser una auténtica tortura el mero hecho de que subiera a casa. Muchas veces deseaba que inventase cualquier absurda excusa para no subir, aunque por otro lado sufría por el hecho de que no viniese a visitarnos.

Me encontraba entre la espada y la pared. De un modo u otro me sentía tremendamente incómoda. Quería estar junto a la persona amada pero al mismo tiempo quería estar alejada de ella. ¿Cómo entender y aceptar un deseo tan dispar sin entrar en conflicto con uno mismo? Esto provocó que mi sistema nervioso se viera alterado de tal manera que empecé a dudar de mí misma como persona.

Recuerdo una tarde en la que intentaba concentrarme en una práctica de derecho que debía entregar al día siguiente. Mi esposo empezó de nuevo a proferir insensateces sobre mí: «Eres una persona mala, muy mala. Eres un súcubo que me está absorbiendo, oprimiendo. Eres un ser maligno».

No pude evitar que mis ojos se empañaran ante tales declaraciones. Algo se rompió dentro de mí. No daba crédito a lo que mis oídos estaban escuchando. La persona que estaba escupiendo aquellas atrocidades era totalmente desconocida para mí. Me sentí terriblemente sola y desamparada.

Se imponía la cruda realidad. El que había sido mi pareja había dejado de serlo desde hacía tiempo y yo sin saberlo. El último halo de esperanza se truncó cuando el médico que me llevaba, casualmente antiguo compañero de estudios de mi marido, me dijo que no entendía como éste había consentido que yo llegase a tal extremo de gravedad sin hacer nada para evitarlo. Ahora ya no me quedaba duda alguna y supe que, aunque yo intentara esmerarme al máximo, jamás conseguiría que mi esposo amase algo que nunca había amado.

Me sentí fracasada, aunque tontamente no podía dejar de considerar mi matrimonio como una empresa viable y por ello seguí luchando. También me equivoqué. Era tal el desprecio que sentía hacia mí, que cuando le obsequié con un juego de artículos para escribir con sus iniciales grabadas, la forma de darme las gracias fue increpándome, riñéndome por haberle comprado dicho regalo sin antes haberle comunicado mi intención al respecto a su amiga. Por lo visto, ella le había obsequiado con el mismo juego y, como el mío iba grabado, la pobre se había visto obligada a devolver el suyo.

Unos días antes aquella colaboradora me había consultado sobre lo que le podía comprar como regalo de cumpleaños a su jefe. Al preguntarme qué le iba a regalar yo, le respondí que un juego de Montblanc. No entiendo por qué compró lo mismo, si es que realmente lo compró, y tampoco entiendo por qué tuvo que decírselo a él, salvo que pretendiese conseguir lo que realmente aconteció.

Pero ya no valía la pena seguir luchando y un día tiré la toalla. Ya no podía soportar más aquel vacío, los largos silencios interrumpidos únicamente por las recriminaciones, los lamentos y las duras insinuaciones.

Aquel día me había levantado muy temprano para preparar la casa ante la inminente llegada de unos conocidos suyos que no se sabía cuántos días iban a pasar con nosotros. Quería que todo estuviera en perfecto orden, limpio como una patena y que no pudiera dar lugar a ninguna crítica.

Como siempre que estaba en casa, el que aún era mi esposo se levantó tarde y como de costumbre, de forma subliminal, empezó a buscar las vueltas para poder sacarme de quicio. Para mi sorpresa, me ayudó a hacer la cama de sus invitados, pero cuando tuvo que arreglar el goteo de la cisterna del inodoro, cogió un cabreo tremendo y empezó a tirar cosas por el suelo recién limpio. Después siguió arremetiendo con cualquier excusa, provocando que yo corriera de un lado a otro para complacerle y evitar así que la bronca prosperase. Tuve que irme al pueblo más cercano a comprar cervezas, ya que me acusó de querer hacerle quedar mal ante sus invitados, puesto que en la nevera no había suficientes. Las había, porque hice acopio de ellas, pero salí para satisfacer su demanda. Esta marcha me retrasó enormemente y no pude preparar la comida hasta muy tarde.

Eran cerca de las cinco cuando finalmente pude llamar a todo el mundo a la mesa.

Nuestra hija pequeña, que se hallaba en aquel momento de paso por casa, me comentó que prefería no almorzar con nosotros, ya que temía que su padre aprovechara su presencia para provocar una escena. Culpa o acierto, nunca lo sabré, pero no escuché su pensamiento premonitorio y la insté a que se sentara con nosotros a la mesa.

Yo aún no había podido probar bocado cuando estalló el furor del padre hacia su hija. No recuerdo el porqué ni creo que tenga la mayor relevancia, pero cuando nuestra hija se levantó de su silla con el plato en la mano para evitar que la reyerta continuara, todo empezó a volar por los aires de la cocina y a estrellarse en el suelo. No había sitio en donde guarecerse, él me seguía pertinazmente bramando y rugiendo de una forma atroz. Por su boca sólo salían improperios humillantes que me desconcertaron y desarmaron de tal forma, que ya no tuve más fuerzas para poder seguir adelante.

Fue la gota que colmó el vaso de una vida de vejaciones. Fue entonces cuando tomé la decisión de que ya no quería seguir viviendo con él. Acto seguido me puse a limpiar todo aquel desbarajuste, mientras él se sentaba a comer.

Cuando llegaron sus invitados, nadie hubiera dicho que en aquel hogar algo había sido destruido. Actuamos todos como si nada hubiese ocurrido. Pero cuando llegó el momento de retirarse a dormir, ya no volví al dormitorio conyugal. No quería dormir junto a un hombre para mí totalmente desconocido y del cual sólo recibía resentimiento, odio y desprecio. Aquella noche dormí junto a mi hija. Fue un sueño intermitente y doloroso.

Al día siguiente, sin apenas haber pegado ojo, me levanté para preparar el desayuno y seguir atendiendo a sus inoportunos invitados, desando que se fueran lo más rápidamente posible. Esto no ocurrió hasta después del almuerzo. En cuanto desaparecieron de nuestra vista volvió de nuevo el altercado, pero esta vez, el que durante treinta y tres años había sido mi pareja se quitó la careta y de su boca salieron una retahíla de improperios que, todavía hoy cuando los recuerdo, me dejan atónita y escarnecida por su terrible contenido.

Delante de nuestra hija comenzó a recriminarme que yo no había parado hasta conseguir cazarlo y llevarle al altar. En aquel momento me di cuenta de que él realmente jamás me había amado, que yo sólo había sido para él un simple escalón más en su ascenso social. Empecé a recordar aquel comentario suyo que tanto me sorprendió a los pocos meses de casados, y que ahora tomaba su forma real y su sentido: «Con tanta familia en el extranjero pensaba que estarías siempre viajando y en cambio siempre estás en casa».

Ahora entiendo cómo poco a poco su resentimiento hacia mí se había hecho cada vez mayor. Para él, yo me había convertido en un ancla que paulatinamente le estaba ahogando, coartando su libertad.

Nunca debería haber formado una familia. No era un hombre cualificado para ello, su andadura debía ser rectilínea, sin ningún tipo de obstáculos.

Había sido educado en el marco de una familia de clase media burguesa que le invistió de una imagen de la vida que no le gustaba en absoluto, y le hizo rechazar la posibilidad de semblanza de la misma para su vida futura.

Respetaba pero no amaba a su madre. De ella había aprendido lo que jamás soportaría de/en una mujer. Su influencia había sido nefasta en la formación mental de un joven sumergido en la transición española. Como la típica mujer despechada de la época, lo preparó a la perfección para que su descendiente utilizase a sus análogas más jóvenes de forma que ella se sintiera totalmente redimida.

A pesar de tener una necesidad desaforada de los placeres amorosos otorgados por las féminas frecuentadas, de su pretensión de conocerlas y entenderse bien con ellas, esta influencia y la fuerte personalidad del padre de mis hijas habían provocado que se adentrara en la misoginia.

Decía amar el mundo femenino y ser un acérrimo admirador del mismo. Presumía de ser un experto conocedor de la psiquis de la hembra de la especie, y de que sabía cómo utilizarla en favor suyo y sacarle el máximo provecho. Pero realmente era y es un perfecto desconocedor de la misma, ya que más tarde o temprano, todas acaban abandonándole llenas de resentimiento, conocedoras de haber sido utilizadas para su mayor y exclusivo beneficio.

Al principio las ensalzaba de una forma desmesurada para conseguir lo que realmente buscaba de ellas, a semejanza del encantamiento serpentil, para luego exigirles fidelidad absoluta. Al tiempo, el encanto desaparece y el interés hacia ellas decae. Si por desgracia, ellas reaccionan de forma negativa ante su abandono, el desprecio y odio harán mella en él e intentará por todos los medios erradicarlas de su vida.

Por ser el primogénito y el único varón de los dos hijos paridos, lo mimaron en demasía, concediéndole todos los caprichos que le indujeron a pensar erróneamente que pertenecía a una clase social más elevada.

Le inculcaron desde muy joven la idea que todo estaría al alcance de su mano y con el despertar de la adolescencia debió comprobar que aquello no era cierto, lo que dejó en él una cierta amargura y un desmesurado empeño en conseguir el éxito de una forma inmediata. Su meta en la vida era la de llegar a ser un hombre muy rico, admirado y respetado. Para la realización de tal logro se fijó un plazo no muy lejano y cuando los años fueron pasando sin conseguir lo que había ambicionado, su desazón fue aún mayor.

De una forma intuitiva, hacía responsable a su madre de todos los problemas familiares de su época juvenil. Aseguraba que ella era la causante de que su padre no hubiera prosperado socialmente, a pesar de sus numerosas oportunidades y su capacidad.

Su padre, que se asemejaba a un hidalgo castellano, era su debilidad, y siempre lo quería emular en su elegante y aristocrático porte pero sin que su maravillosa personalidad le sirviera de referencia. Jamás pudo aceptar que su progenitor no hubiese pretendido de ningún modo alcanzar la meta por él ambicionada.

Era un hombre tranquilo con un humor castellano que sólo ansiaba dar placer a la mujer de la cual se hallaba totalmente enamorado. Hasta su muerte la siguió venerando. Tendrían sus discusiones, pero de cara al exterior nada se vislumbraba y su relación resplandecía de alegría y amor. Su mimo hacia ella era tan grande que cuando él desapareció, en la viudedad ella se encontró huérfana y desamparada, sin saber cómo superar su ausencia. Supuestamente, el hecho de que el padre sintiera tal devoción por la mujer amada provocó en el hijo una reacción contraria ante el hecho de poder padecer de lo mismo.

Nunca le oí pronunciar un «te quiero», «te amo», «te necesito» o algo similar. Para él era obvio y no era necesario que dichas expresiones tomaran forma verbalmente. Pero al no pronunciarlas, dejaba al descubierto que la falta de interés en ello no era más que la constatación del hecho futuro.

Por propio egoísmo, el ser humano tiene constante necesidad de demostrar sus sentimientos, cuando realmente los siente, como constatación de una realidad y para su propia reafirmación ante la persona amada. Necesita proclamar a los cuatro vientos su amor para así convencerse de que él puede amar y de que también está necesitado de ello. Pretendía que dichas manifestaciones sólo fuesen el producto comercial de una sociedad blandengue, edulcorada, manipulada por la visión femenina americana de la gran pantalla, y al escuchar, en cualquier película televisiva, dicha declaración entraba en cólera por la «ñoñería» que la misma provocaba en la relación de las parejas.

Hubo un tiempo en que me llegó a convencer, pero a pesar de ello yo no dejé de expresar mi amor hacia él, de forma escrita. Desde hace ya demasiados años, me siento incapaz de expresar oralmente un «te quiero» a las personas que amo. Me admira y me desasosiega la fuerte influencia que ejerció en mí su pensamiento al respecto; aún no entiendo cómo dejé que castrara de tal forma mis sentimientos impidiéndoles su salida. Hay tanta falta en mí de la expresión de los mismos hacia mis seres queridos, que ahora sólo puedo darles voz en el idioma con el cual me dirijo a mis perros.

Aún no puedo entender cómo sus padres no se percataron de que con su forma de actuar sólo estaban perjudicando al hijo tan amado. Sin quererlo estaban abonando su latente condición narcisista, los valores impuestos apenas eran atendidos, una capa de hielo estaba enfriando sus sentimientos hasta dejarlos relegados en el lugar más recóndito de su ser.

Concluyendo, aquel niño —el mismo que, según él, a los tres años de edad ya sabía leer gracias a la perseverancia de su abuelo materno que se empeñó en que su primer nieto pudiera demostrar al mundo su privilegiada capacidad intelectual— llegó a la forma de adulto convertido en un perfecto depredador. Debía alcanzar en el menor tiempo posible el estatus económico y social deseado. Para ello emprendería numerosas acciones, de las cuales sólo unas pocas resultarían fructíferas, aunque no lo suficiente para él. A pesar de su gran coeficiente intelectual, no logró su propósito, actualmente sigue intentándolo.

Espero que por fin pueda lograrlo, y consiga demostrar que todos los errores cometidos a lo largo de su vida no le han impedido alcanzar su objetivo. Más vale tarde que nunca. Ojalá concluya que ha valido la pena el sacrificio hecho en pro de sus propósitos, la pérdida de la ilusión, de la sonrisa, del amor, de la familia... Su rostro amargo sólo es el reflejo de la soledad que le embarga y aprisiona, reduciendo así su frágil humanidad. El que en un tiempo muy lejano era capaz de reír ahora ni siquiera puede llorar.

Espero que algún día sea capaz de ver que, lentamente, los que antaño fueron amigos suyos dejaron de frecuentarlo, no por ganas de los mismos, sino por abandono del que un día consideraron amigo; que desde hace algún tiempo fueron remplazados, junto a la familia, por una horda de interesados acompañantes, a los que llama «fieles colaboradores», que son los únicos capaces de soportar su cambiante e inestable genio por un puñado de monedas y promesas futuras.

Para mejor aprovechamiento de su tiempo, ha reemplazado su lugar de paz y descanso por el de la imparable labor, convirtiéndole en un adicto a no sé qué trampa mental, demasiado bien elaborada para poder combatirla, que le atrapa en su fina tela tejida por sus propios deseos. Que su fin en la vida es depredar lo mejor posible sin reparar en que finalmente él será su propia víctima.

VI

AL DÍA SIGUIENTE

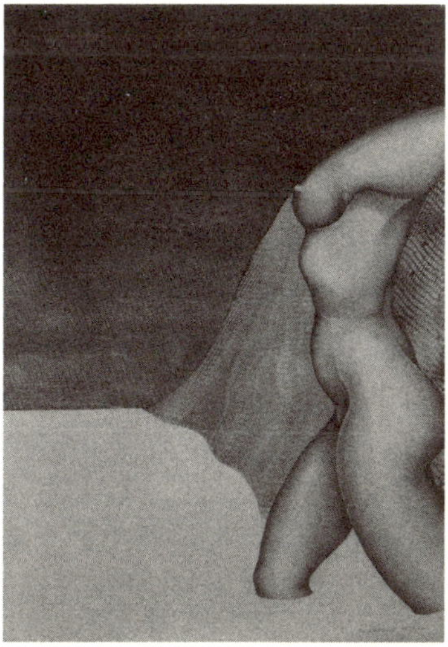

Me despierto, como siempre, temprano, tras una noche llena de agotadores despertares, parece que nada haya cambiado, pero ya nada es lo mismo. Otro miedo comienza a anidar dentro de mí, pero aún no soy totalmente consciente de él. Estoy iniciando una nueva andadura sin sospechar que nuestros pasos jamás se volverán a unir.

Muy en el fondo, albergaba la vana esperanza que su ceguera se disipara y le dejase ver lo equivocado de su actuación hacia mí, pero en eso también andaba yo errada. Era yo la que hacía gala de una prepotencia injustificada al pretender que mi amor hacia él y la decisión tomada provocarían que pudiera valorar la realidad de mis sentimientos hacia él como los suyos propios.

Esta pretensión sólo demostraba mi total desconocimiento de los reales sentimientos y personalidad del que aún era mi esposo. Por lo visto, los años transcurridos a su lado habían adormecido mi desconfiado carácter y me habían convertido en una total blandengue. Confiaba tanto en él, que jamás se me pasó por la mente la realidad de su personalidad.

Durante casi treinta y tres años había convivido con un auténtico desconocido. Aunque personas cercanas a él me avisaron, jamás di crédito a sus palabras, cavando finalmente mi propia tumba en donde quedarían alojados hasta el más allá mis sentimientos, sin que éstos pudieran albergar paz alguna.

Nunca acepté —y aun ahora mismo no puedo aceptar— el odio y resentimiento dirigidos hacia mí por el padre de mis hijas y tampoco su falta de afecto hacia ellas, a las que, por no tomar partido por él, decidió olvidar, tachándolas de su vida. Me culpabilizaba de haberle dejado sin familia sin darse cuenta de que yo no tenía nada que ver con su mala relación paterno-filial, que ello sólo era el resultado de su propio comportamiento hacia sus hijas.

Los sentimientos, al igual que la tierra, han de ser abonados si pretendemos que prosperen, para ello sólo el amor, la comprensión y la dedicación pueden hacer que germinen y den los frutos necesarios que colmen nuestros deseos de reciprocidad.

Me recriminaba el hecho de haberle dejado sin los ahorros de toda su vida. Al principio no entendía a qué se refería, pero no hace mucho comencé a intuir en realidad cuáles eran sus pensamientos sobre dicho tema económico. Sólo se refería a lo que yo representaba económicamente y a lo que podía representar en un futuro. Para él yo sólo era un valor numérico, una inversión de futuro.

Él sólo sabía invertir en ideas, de las cuales pocas habían tenido consecuencias favorables. El producto de su efímero éxito servía para paliar el ruinoso resultado de otras, el mantenimiento del gasto familiar y del suyo propio. Jamás invirtió en bienes seguros que aumentasen su patrimonio. La base de su riqueza era tan volátil como el día a día.

Yo, en cambio, necesitaba reunir un patrimonio seguro que en los momentos bajos pudiera sustentar la continuidad de la familia. A lo largo de nuestro matrimonio jamás lo conseguí, pero todo cambió al recibir una pequeña herencia que me permitió disfrutar de una cierta independencia y tranquilidad económica al evitar que su totalidad fuera a parar a las efímeras arcas de mi socio en la vida.

Cuando mi padre me ofreció la compra de una finca de su propiedad en la que vivíamos desde hacía trece años, se abrió ante mí la posibilidad de aumentar el patrimonio familiar y con ello lograr una seguridad futura.

Supongo que esto fue algo determinante en el desenlace final de nuestra ya maltrecha relación.

Le sentó a cuerno mojado que su suegro no quisiera que él figurase en el contrato de compraventa y ahí empezó mi calvario final. Para disponer económicamente del bien inmueble comprado a mi padre, él debía sufrir la espera de mi aprobación. Jamás lo soportó. Se sentía acorralado y no soportaba depender de forma alguna de mí para poder formalizar cualquier negocio basado en una posible fuente económica del bien que yo supuestamente administraba. Digo *supuestamente*, ya que en realidad no se me dejaba decidir en nada que se acercase a un mínimo de envergadura de negocio. Yo siempre figuraba como el auténtico propietario, aunque en realidad no tenía mayor fuerza en las decisiones que el trabajador del escalafón más bajo de la cadena de una empresa.

Creo que, con la compra de la finca y el enfriamiento de la relación con mis padres al cabo de pocos meses, viendo que yo ya no podría acceder totalmente a los bienes hereditarios de la familia, decidió que mi compañía ya no era grata y empezó con la bien planificada tortura anteriormente detallada con el consiguiente desenlace final.

Lo que jamás me pude esperar, tras un largo y duro forcejeo por los bienes adquiridos a lo largo de los años transcurridos bajo el techo matrimonial, es que la batalla fuera tan dura y que el resultado final fuera tan destructor como el que realmente ha sido y del cual no hay manera de desasirme.

Francamente es un personaje admirable, sería un perfecto espécimen para el estudio de un trabajo de doctorado en Psiquiatría. Posee la rareza de reunir un vasto abanico de cualidades en su personalidad dignas de la admiración, goce y éxtasis de un experto en la singularidad del comportamiento humano.

Mientras escribo estas líneas ha transcurrido ya un año de la gran decisión y aún ahora la caja de Pandora me sorprende con su contenido de una forma repentina y dañina.

Estoy llegando a la conclusión, muy a pesar mío, de que mi gran equivocación fue la de intentar formar una familia junto a la persona amada. Lo que durante muchos años se mantuvo oculto me ha abofeteado de tal forma que ya no tengo fuerzas para seguir luchando.

Yo intentaba recuperar el equilibrio perdido, pero el destino, de forma implacable, me lo ha impedido.

Alguna vez tuve la ilusión de mantener a mi pequeña familia unida; ahora veo cómo todo se lo lleva la marea de los nuevos descubrimientos sobre la relación mantenida entre padre e hijas.

Todo se ha derrumbado a mi alrededor, me siento azotada en un mar de dudas y desespero como el bajel bajo una tormenta tropical.

Mi desequilibrio era ya grande y creo que con los nuevos acontecimientos jamás podré superar mi desconcierto y mi pena. Pensaba que jamás podría sorprenderme algo sobre la persona en la que yo deposité mi confianza, pero estaba muy equivocada. El destino del hombre tiene una capacidad ilimitada en lo referente a lo que le reserva en cuestión de sorpresas.

Dudo ya mucho que yo pueda alcanzar aunque sólo sea un pequeño grado de felicidad. Mi vida ha sido un total desastre y en consecuencia de ello únicamente puedo esperar desidia.

Yo no sé si mis hijas me odian o si realmente les doy pena, pero en lo más hondo de mí siento que ellas jamás podrán perdonar mi ignorancia sobre los hechos acontecidos en sus personas. En lo más profundo de sus pupilas observo el dolor, apenas contenido y la velada pero firme recriminación por mi ceguera y pasividad.

No sé cómo puedo apaciguar su dolor y no está en mi mano dar marcha atrás en el tiempo pero entre nosotras nunca más podrá existir la armonía y amable complicidad de las personas que se aman y respetan.

Otro oscuro velo se ha rasgado, dejando tal profunda herida, que nunca podrá ser subsanada u olvidada.

No podré entender, aunque me esfuerce en ello, el porqué de tanto desamor y desatino a mi alrededor, a no ser que yo fuera, de forma inconsciente, la causante de ello.

Me siento totalmente sola ante la tragedia y no sé cómo debo afrontarla. Nadie me ha enseñado qué hacer ante tal tesitura.

Ante mí se presenta un futuro incierto, demasiado para mi gusto. Deberé enfrentarme a él de la mejor manera, pero realmente no sé cómo hacerlo. Para poder conservar la casa que mi padre había construido en mi poder, tuve que ceder demasiadas cosas y conformarme con una escasa pensión compensatoria que me permitiría mantenerme hasta la supuesta venta de la misma; el plazo quedó estipulado en dos años.

Yo no poseía ingresos de ningún tipo. Mi vida laboral había transcurrido saltando desde mi ocupación de ama de casa y madre a la de trabajos de distinta índole en beneficio de la economía familiar, pasando por las escasas épocas de producción artística. Nunca había cotizado, por lo que ahora me veía abocada a no esperar ninguna compensación por parte del Estado por todo el tiempo trabajado.

De la herencia recibida sólo me quedaba una parte, ya que el resto la había dedicado a mejorar la casa. Por lo visto mi esposo pretendía que la misma se arreglase sola, puesto que repetidas veces me había comentado que no entendía por qué se debía hacer gasto alguno en ella. Para poder sanear mi economía y que ésta me permitiese vivir de una forma desahogada, me veía obligada a desprenderme con una cierta rapidez de la casa familiar.

A todo ello se añadía mi cada vez más precaria salud física. Aunque quisiera, el hecho de vivir en medio de un bosque se estaba volviendo un acto imprudente en todos sus aspectos. Era una casa demasiado grande, llena de recuerdos hasta la saciedad y la mayoría de ellos sólo dejaba un amargo sabor en mi boca.

Demasiados años depositados en la esperanza del perfecto hogar y lo único recibido era un profundo vacío lleno de gélidas corrientes, que incidían como insidiosos cuchillos en mi corazón, impidiendo que pudiera mirar hacia el frente con la cabeza bien alta.

Debía desaparecer de aquel lugar, que me había tenido enclaustrada en su seno durante tantos años, de forma voluntaria en un principio y más tarde por pura obligación. Aquella magnífica casa se había convertido en una perfecta prisión, muy conveniente para mi pareja, ya que me impedía relacionarme socialmente. No me percataba de ello de manera consciente, pero era como si dos potentes garras fueran cerniéndose sobre mi cuello, ahogándome lenta, persistente, firmemente. Es curioso, a medida que los años transcurrían y yo me hacía cada vez más débil, ella parecía ganar en fuerza destructiva y su poder de retención se acrecentaba impidiendo que me alejara de ella. Nuestra relación se había convertido en perniciosa. Era como un círculo vicioso: cuanto mayor era el trabajo exigido más necesidad había del mismo, sin que nunca se llegara a saciar su voracidad.

Muy lentamente —demasiado lentamente—, yo había percibido que la casa me tenía atrapada cada vez con más firmeza y, aunque en numerosas ocasiones había intentado desasirme de su lazo opresivo, proponiéndole al padre de mis hijas la posibilidad de trasladar el domicilio conyugal a su lugar de trabajo, él de una forma muy hábil me lo desaconsejaba, por no ser el momento adecuado económicamente. Siempre me decía que se debía esperar a un mejor momento. Éste nunca llegaba, jamás tuvo intención ni interés de que llegase.

Hacía ya tres años que la había puesto a la venta cuando decidí que nuestra vida en común se debía acabar. Había invertido bastante dinero en mejorarla y así hacerla mucho más apetecible para los posibles compradores, pero era una casa difícil de vender, demasiado grande, demasiada extensión de terreno que limitaba el posible número de compradores por su elevado coste de mantenimiento. Recuerdo que cuando acabé de arreglarla, había recuperado su esplendor de antaño. Supongo que ello debió asustar un poco a mi pareja, ya que nuestros problemas fueron aumentando de forma alarmante. Constantemente se quejaba de que yo no le sabía sacar partido a la enorme extensión boscosa, que sólo gastaba y no producía, que si él estuviera al mando de la finca sabría cómo sacarle partido, que ya estaba harto de mantener a una panda de inútiles y esa mansión que él no disfrutaba.

Al fin comenzó insistentemente a exigirme que buscase un trabajo, ya que yo, como toda mujer que se preciase, debía ayudar a la economía familiar. O no estaba en sus cabales o demostraba una pérfida inteligencia al plantear que una mujer de cincuenta y tres años, físicamente muy cascada, intentara encontrar trabajo. Digo *intentara*, ya que hacía más de dos años que yo contestaba a numerosos anuncios de ofertas laborales y en ninguno había sido requerida, no sé si por mi falta de aptitudes —cosa que no creo—, o por mi avanzada edad.

El único trabajo al que yo podía acceder en aquellos momentos era el de mujer de la limpieza, para el cual no hay un límite de edad y para el que yo estaba muy cualificada por todos mis años de labor de esposa. De lo que él no se daba cuenta era de que para irme a trabajar fuera de casa debía dejar alguien al cargo de la mía; era como una broma del destino. Mientras él pagaba a su colaboradora más íntima una cantidad superior a cuatro mil euros mensuales por un trabajo mal elaborado, pretendía que la que era su esposa, la que le había dedicado toda su ayuda, todo su amor, todos sus bienes, se pusiera a trabajar en cualquier cosa, cuando realmente se había ganado un descanso merecido por los años dedicados. Supongo que no era más que una forma de decirme que comenzara a espabilarme para conseguir mi sustento, ya que él se había cansado de proporcionármelo.

Por eso pienso que aunque yo no me hubiera decidido a finalizar nuestra relación, ésta se hubiera acabado más tarde o más temprano. Muy ladinamente había tejido en torno a mí una invisible tela de araña que me obligaba a encauzar el camino por él ansiado. Cosa que hice con seguridad y supongo que no le sorprendió en absoluto, puesto que la nota que acompañaba su último regalo, rezaba de tal forma: «Deseo que seas muy feliz en esta nueva vida que vas a emprender». En el primer instante que leí la nota vi algo raro en ella pero no supe dilucidar realmente qué era, ahora estoy segura de que me estaba diciendo adiós.

Él sí me conocía, sabía cómo mover los hilos en busca de mis respuestas a sus deseos. Yo era demasiado transparente, previsible y ésa fue mi perdición... ¿o realmente ha sido mi bendición? El tiempo lo dirá.

Las cartas ya estaban echadas y no había vuelta atrás. Yo había entrado en la senda de la libertad. Ya no habría más peleas, ni absurdas discusiones. Ya no habría más hechos incomprensibles, insospechados —eso es lo que yo pensaba—, pero esto es harina de otro costal. Ya no habría más insidiosas insinuaciones ni pérfidas afirmaciones. Más adelante reconocí que aún tenía capacidad de sorprenderme.

Al poco tiempo de mi incipiente andadura, cuando aún no había podido asumir del todo el alcance de lo emprendido, me propusieron hacer una exposición, cosa que acepté rápidamente ya que ello me permitiría volver a acercarme al arte y, en consecuencia, aislarme en él mientras transcurría aquel duro tránsito en una tierra de nadie. Trabajé como nunca lo había hecho, me entregué totalmente día y noche a producir de una forma desaforada. Disfruté como una cosaca y ello quedó reflejado en la obra final.

El día de la inauguración fue un total éxito. La pequeña sala se hallaba abarrotada de asistentes, la mayoría desconocidos para mí. El resultado final de mi trabajo sorprendió gratamente a la mayoría pero sólo vendí una obra. Por lo visto, la sociedad barcelonesa se había vuelto demasiado puritana y había dejado de ser la vanguardia del arte al sur de los Pirineos. Yo trabajaba el cuerpo humano en toda su desnudez y eso parecía vulnerar la sensibilidad de la mayoría.

Recibí buenas críticas y entre ellas una inmejorable, que me sorprendió enormemente por su contenido. Parecía que su autor me conocía a la perfección, mucho mejor de lo que nadie me había podido conocer. Aún no le he dado las gracias por aquella tan excelsa visión de mi expresividad plástica.

No puedo evitar recordar aquí algunos de sus párrafos que reúnen la esencia del escrito.

> Es una creadora que plasma la belleza, que indaga en la fenomenología de lo estético, en el sentido de apoyar un cierto despunte de una determinada investigación onírica, pero sin entretenerse en la escritura automática

ni tampoco interesarse por lo surreal. Amante de la composición, abraza sus personajes como si fueran auténticos símbolos; producto de momentos, que surgen con aparente facilidad buscando el sitio adecuado en el escenario.

No describe sus personajes femeninos, sino que desnuda el alma de los mismos. Pretende ser una artista que capta la esencia, que vive el momento, que genera pasión hacia el cambio y el gesto.

En su obra no hay hieratismo, tampoco decadencia, sino una profunda y serena firmeza que se propaga de forma generalizada, como si tratara de inocularnos un mensaje inmortal que permanece al margen del paso del tiempo.

G. C. acierta en sus dibujos, porque se interesa por la capacidad de evocación, mostrando interés por lo alegórico, facilitando la vertiente fundamental del arte que es la creación en su estado puro, sin intermediarios y sin buscar el aplauso del público.

(J. L. Muntaner)

A pesar de la casi inexistente venta, conseguí algo muy importante, la suficiente estabilidad emocional para poder enfrentarme a los duros meses siguientes, la posibilidad de conocer nuevas personas que alegrarían algo mi vida monástica permitiéndome poco a poco salir de mi encierro.

Pero de nuevo volvía a caer en la trampa de la prepotencia. Pensé que todas las humillaciones eran ya cosa del pasado y que a partir de entonces jamás volvería a sentir la presión y ostentación de dominio que el padre de mis hijas había ejercido sobre mi persona.

Como ya no podía torturarme verbalmente y como no podía ejercitar sus maniobras escatológicas debido a la ruptura de nuestra convivencia, no me protegí ante la posibilidad de que él encontrara algún otro modo de seguir humillándome. Aunque me avisaron, no pensé que sería capaz de rescindir todos los contratos de suministros de la casa, que se hallaban a su nombre a pesar de que su pago estaba domiciliado en una cuenta bancaria de cuya titularidad sólo gozaba yo plenamente... Por lo que de pronto me encontré sin línea telefónica. No quiso concederme la cesión del contrato de la misma para que pudiera mantener el mismo número y volviese a estar comunicada. Simplemente quiso anular cualquier contacto con el exterior que yo pudiera tener hacia fuera o viceversa.

Hice todo lo imposible para recuperar mi comunicación con el exterior, pero supongo que algún medio de presión estaba él ejerciendo por mediación de algún conocido o conocida y no hubo manera de conseguirlo. La persona que contacté en aquella macrocompañía, poseedora del monopolio del red terrestre en todo el territorio nacional, me comunicó que las órdenes venían de arriba y, a pesar de que se hacía cargo de mi angustiosa situación, tenía las manos atadas.

Como mi casa estaba totalmente alejada de cualquier núcleo urbano, pasé bastante tiempo aislada hasta que finalmente, gracias a una reciente amistad que tenía excelentes conexiones en la compañía en cuestión, pude conseguir estar de nuevo conectada con el mundo exterior. Por lo visto hoy en día hay que estar bien relacionado socialmente, ya que si no es así puedes morirte en el intento de hallar una pronta resolución a tu problema.

Cuando lo pienso, no puedo entender que tanta maldad tenga cabida en una persona a la que, a pesar de todo, aún quiero. Puede parecer incomprensible que tenga estos sentimientos hacia alguien que desea borrarme de su vida, pero dentro de mí no cabe el odio y el rencor. No quiere decir que yo sea una santurrona o que pretenda serlo, simplemente creo que el pensamiento negativo sólo genera más negatividad, que no es rentable para nadie, por lo que es absurdo dedicar un solo segundo en su producción.

No se puede erradicar el amor de un plumazo, sólo por el hecho de reconocer que la relación con la persona amada es altamente perniciosa. Son demasiados años compartidos, demasiadas ilusiones, alegrías, pérdidas y fracasos vividos conjuntamente para que éstos de repente dejen de existir. ¡Ojalá tuviéramos una tecla «SUPR» que los pudiera borrar de nuestra memoria, como cuando queremos borrar de nuestro ordenador algún archivo ya obsoleto e inservible! Por desgracia nuestro ordenador cerebral es más complejo que la electrónica que usamos a diario en el trabajo.

Mientras estábamos tramitando la separación, no hizo demasiado uso de su poder destructivo; sólo me acusaba ante terceros de querer atentar contra su vida, de maltratarlo, de agredirle físicamente, de querer arruinarle, dejarle sin familia y sin los ahorros de su vida, pero en cuanto hubo sentencia judicial de divorcio quedó claro cuáles eran sus sentimientos hacia la que había sido y aún era su familia, hasta tal punto, que sus hijas empezaron a desear no haberlo sido.

Yo había conseguido una cierta estabilidad psicológica, pero con los últimos acontecimientos todo se derrumbó como si de un castillo de naipes se tratase. De pronto descubrí, sin saberlo, que durante muchos años había estado conviviendo con una carga de profundidad y que ahora estallaba con toda su virulencia ante mis narices, provocando que la poca estabilidad familiar conseguida se tambaleara peligrosamente. Fue la gota que colmó el vaso de mi equilibrio mental. Percatándome de que empezaba a sumirme en una fuerte depresión y de que si no tomaba rápidamente una decisión mi fragilidad mental entraría en barrena y sería muy difícil volverla a estabilizar, ni corta ni perezosa tomé la decisión de acudir a la consulta de un psiquiatra para evitar que el mal fuera a mayores.

Tenía una enorme necesidad de hablar con alguien y lo que no podía hacer era abusar de la comprensión de las pocas personas que me rodeaban. Para ello precisaba de los oídos de un profesional que no estuviera involucrado en mi patética vida.

Nunca había querido considerarme una víctima, al contrario, siempre había pensado que yo era la culpable de que nuestra relación matrimonial no funcionase. En todo momento intentaba encontrar una disculpa ante las actuaciones de mi pareja y cuando alguien se atrevía a hacerme un comentario en contra de él, yo cortaba por lo sano la maléfica insinuación. Me empeñaba en dejar constancia de que su trabajo, el que nos procuraba una situación más o menos de bienestar, le robaba casi todo su tiempo y que por dicho motivo no podía dedicarse más a nosotras.

No quería ver que desde hacía demasiado tiempo me hallaba totalmente sola. Que era yo, sólo yo, quien se ocupaba de que la unión familiar fuera más o menos creíble, cosa que me resultaba cada vez más difícil. Nunca se me pasó por la cabeza que yo era el único sostén de aquello que siempre me había empeñado en tener y no me daba cuenta de que mi deseo era una absoluta falacia, que alrededor mío nadie estaba dispuesto a perseguir mi ideal de familia. Que cada uno de nosotros tenía una idea totalmente opuesta de lo que debía ser una relación familiar.

Por un lado el *pater familias* estaba empeñado en no actuar como tal y las hijas pretendían tener unos progenitores más corrientes, menos atípicos, en fin, algo similar a lo que era habitual en la media social. Por un lado estaban encantadas de que sus padres fueran intelectualmente inusuales, pero por otro lado necesitaban una normalidad que era del todo opuesta a la realidad vivida. Aún ahora no saben apreciar que el artista o creativo no puede ir parejo a un comportamiento normal en el trato familiar.

Supongo que a mí me deben de recriminar un sinfín de actuaciones, pero las guardan dentro de sí. Sólo me acusan por lo que no hice, de la pasividad en mi relación con su padre, de mi tácito consentimiento a la autoexclusión paterna en la familia con sus interminables e inexplicables ausencias del seno del hogar...

Cumpliendo con la decisión tomada, acudí a la consulta de un psiquiatra que había escogido de una lista de médicos recomendados por una aseguradora médica de la cual era yo socia. El abanico no era muy extenso, pero me decidí por una doctora, por la absurda creencia de que su mente, supuestamente más afín a la mía, haría que nuestra relación médico-paciente fuera más ecuánime. Como siempre, me equivoqué o tuve la desgracia de llamar a la puerta errónea.

Después de una charla cuya duración fue menor a una hora y después de oír mi grito interno de auxilio —o por lo menos eso es lo que espera que hiciera—, se limitó a comunicarme que yo no padecía depresión alguna y que no creía que fuera persona proclive a padecerla. Que lo único que podía hacer por mí como facultativo era recetarme un nuevo preparado que me provocaría la facultad de poder ver la vida con ojos más benignos y con el consecuente resultado de la obtención de una felicidad ficticia.

Lo que me estaba proponiendo —o mejor dicho, animando a hacer— era que me introdujera lentamente en un mundo irreal del cual me sería difícil salir, por la dependencia que dicho producto farmacéutico provocaba, ya que me comunicó que una vez comenzado el tratamiento no debía dejar de ingerirlo ni una sola vez antes de seis meses y que luego debería ir lentamente reduciendo la dosis hasta que pudiera abandonar su ingestión.

Jamás he entendido por qué, si yo no padecía ninguna depresión, me recomendaba un inhibidor selectivo de la recaptación de seretonina (ISRS), que normalmente se receta como pauta antidepresiva. Tampoco me dijo que, según ciertos estudios sobre los ISRS, al dejar de ser administrados se padecía un síndrome de abstinencia que cesaba al reanudar su ingesta; que una vez iniciado el tratamiento jamás se podría abandonar y se estaría supeditado a él de por vida. Por lo visto no le preocupaban los efectos secundarios que pudiese desencadenar ni tampoco las posibles incompatibilidades con respecto a otras deficiencias que mi cuerpo pudiese padecer.

Al comunicarle que no me gustaba demasiado someterme a un tratamiento que posiblemente dificultaría y frenaría mis percepciones cognoscitivas y que quizá sería mejor que me atendiera un psicólogo, ella me respondió, de forma tajante, que no me lo recomendaba y que lo único que me iría bien sería la medicación recetada. Que volviese dentro de un mes para su control, si decidía tomarla, pero que si finalmente resolvía no hacerlo, ella no me podría ayudar y no hacía falta que reapareciese más por su consulta.

Salí de su despacho totalmente furiosa, asqueada y asombrada de lo que estaba descubriendo. En la calle no sabía qué hacer, si irme a tomar un café para poder digerir lo que había oído o volverme a casa. Decidí hacer esto último y fui en búsqueda de mi coche. Quería llegar rápidamente a mi domicilio para poder conectarme a la red en busca de la información necesaria sobre el tema. Mientras iba conduciendo no podía apartar de mi mente lo que había oído de aquella psiquiatra.

Me preocupaba enormemente que un sector del mundo galeno recetase drogas similares a mujeres que se hallaban en situaciones similares a la mía para poder regular su humor en los trastornos afectivos padecidos. Con ello sólo hacían que la causa oculta del problema siguiera siéndolo de por vida, permaneciendo ésta totalmente enmascarada por una falsa sensación de bienestar del todo artificial. No se daban cuenta de que con ello sólo hacían empeorar al paciente convirtiéndole en un drogodependiente de por vida.

Habíamos llegado a una utopía social al reemplazar la necesidad de intercomunicación humana por simples fármacos productores del estado de bienestar mental social deseado. Nadie se percataba de que una gran parte de la humanidad se estaba convirtiendo en un saco vacío de sentimientos bloqueados por los inhibidores de los neurotransmisores.

De forma indiscriminada se recetaba antidepresivos a cualquier persona que se hallase bajo cualquier presión psicológica, sin importar ni la condición de la misma ni la edad de la supuesta enferma.

Imagino la enorme fila de mujeres sometidas a dicho tratamiento de por vida sin saber que la fuente de su supuesta felicidad presente era en realidad la causa de su degradación futura. Sus mentes vacías de miedos, angustias, temores, tristeza carecían de la base suficiente para apreciar el valor de la alegría, valentía, placer y coraje necesarios para poder avanzar hacia la meta de su vida.

Era mucho más fácil sumergirse en los dulces brazos del placebo que enfrentarse a la cruenta lucha ante el injusto ataque del efecto depresivo, sin percatarse que de esta forma se anulaba cualquier tipo de defensa ante el mismo.

Podía entender que fueran hombres los que recetaran dichos productos por desconocimiento de la psique femenina, pero lo que no podía aceptar era que fueran mujeres las que impartiesen el medicamento en cuestión.

Después de esta decepcionante experiencia, decidí que sería interesante consultar a distintos especialistas en psiquiatría para poder comprobar si realmente había una pauta similar en el cuidado del paciente o si por lo contrario sólo se había debido a la casualidad el que yo topase con lo inusual.

Aún no he tenido tiempo de hacerlo, pero lo dejo en el cajón de asignaturas pendientes hasta que la ocasión me lo permita y pueda concluir con dicha investigación en pro del cuidado mental femenino. Sé que no debo cejar en mi empeño, ya que estoy segura de que debido a la falta de conocimientos, la mujer se halla en inferioridad de condiciones para poder elegir de forma adecuada si debe o no tomar dichas drogas alienantes.

Supongo que no pretendía ayudarme, pero si así fuera ¡felicidades!, lo había conseguido, ya que yo salí de aquella consulta totalmente embravecida y dispuesta a la lucha. En aquellos momentos me percaté de lo afortunada que era entre un gran número de mujeres que no habían tenido la capacidad suficiente para poder discernir lo malévolo de su conformismo. De nuevo volví a dar las gracias a mis hacedores por los genes transmitidos y la educación impartida, que eran los que impedían que la oscuridad se cerniese dentro de mí, impidiéndome ver mi propia luz interior.

Me di cuenta de que sólo yo y nadie más que yo podría ayudarme a superar cualquier obstáculo que se interpusiera en mi camino.

Debía seguir avanzando de una forma u otra. No debía olvidar que si me detenía demasiado tiempo en un recodo del camino, me sería muy difícil retomarlo de nuevo. Con esto me refiero a que no podía pretender que las personas que se hallasen a mi alrededor, como familia y amigos, fueran las que resolviesen mi problemática interna.

Era yo y sólo yo quien debía enfrentarse a sus miedos e intentar encontrar una solución que los eliminase o, por lo menos, que los dulcificase, para así poder conseguir un poco de paz interna, que permitiese vislumbrar el exterior desgarrando aquella densa niebla que desde hacía demasiado tiempo me estaba reteniendo en su interior.

Me puse manos a la obra y poco a poco fui viendo que mis fuerzas iban retornando y que ahora podía empezar a enfrentarme al fantasma de mi vida anterior y a su consecuencia final.

Como si de una vieja película se tratase, comencé a analizar cada una de sus tomas correlativas desde la primera hasta la última, sopesando si en algún momento se podría haber modificado el guión de la misma.

Me di cuenta de que aquel guión siempre había sido malo. Nunca se debía haber hecho una película con él. Sus personajes eran demasiado comunes y sus movimientos demasiado previsibles. Aunque se había puesto mucha ilusión y esfuerzo para que tuviera éxito, ni el poder económico ni la capacidad interpretativa de sus personajes pudieron evitar que fuera un total fracaso y que al final de su emisión sólo se pudieran oír los silbidos y protestas del público en general, que no paraba de quejarse de que desde el comienzo se veía venir el final, que no había argumento, que a pesar de la magnífica interpretación de los actores su esfuerzo había caído en saco roto por la fragilidad de la trama.

Por fin podía recordar, sin lágrimas en los ojos, cualquier momento pasado. Era capaz de disfrutar de los más dulces, de tal manera que de vez en cuando la idea de lo absurdo de la ruptura me venía a la cabeza. Al instante siguiente me ponía a analizar y sopesar los pros e inconvenientes, llegando a la conclusión de la lógica de la misma. Era inevitable y debía haber sido mucho antes. El error fue retardarla tanto. De esta forma se podría haber evitado la situación de rencor actual, que lo único que ha hecho ha sido destruir la unión familiar de los restantes miembros que la formaban.

Recuerdo que, siguiendo el consejo de mi tío, intenté organizar un encuentro para poder dialogar entre nosotros bajo el control arbitral de nuestro abogado, pero lo único que obtuve y, tardíamente, fue una reunión kafkiana en la cafetería de un hotel en la que los contertulios éramos tres; yo, nuestro común abogado y un personajillo que actuaba como representante legal del que aún era mi esposo.

Me he puesto en primer lugar, desatendiendo por completo las normas de urbanidad y decoro, ya que francamente con aquel desprecio por su parte, el padre de mis hijas me catalogó de burra y como remate aquel abogadicucho me comunicó que su cliente quería romper con su pasado y que sólo le interesaba saber qué es lo que le pertenecía de todo lo reunido por ambos a lo largo de los años vividos en común.

Nunca nadie me había humillado tanto y entonces recordé de una forma clara que no se me quería, que nunca se me había querido realmente, que no había posibilidad de marcha atrás, que no había vuelta de hoja.

En aquel momento no me percaté de que realmente estaba sola en aquella batalla, de que no iba a recibir ningún tipo de ayuda bienintencionada por parte de nuestro abogado, en el que yo siempre había confiado y a quien consideraba un amigo. Desoí los consejos de las personas cercanas a mí y seguí confiando, esperando que dicha persona lograría que hubiera un resultado equilibrado entre sus clientes. Ésta era una más de las numerosas veces que me había equivocado al creer en la fidelidad de una persona amiga.

Supongo que en el futuro me seguiré equivocando, ya que no puedo remediar actuar de esta forma tan obtusa y obstinada, tal como ya ha quedado reflejado en reiteradas ocasiones a lo largo de mi vida, cuyo único y exclusivo motivo es mi gran necesidad de hallar honestidad en el ser humano, afán en el que no desespero y sé a ciencia cierta que un día no muy lejano hallaré.

Cuando me di cuenta, ya era demasiado tarde. Me sentía desmoralizada por la perfidia de su actuación con respecto a mí, y no tuve las fuerzas necesarias para seguir luchando, preferí ceder en la mayoría de las pretensiones exigidas por la otra parte, consentir en un divorcio demasiado rápido, no deseado, y así poder concluir con aquel inoperante estado de sitio.

Por aquel entonces se me había comunicado que pronto sería abuela y ello reforzó aún más mi decisión de llegar a un rápido acuerdo que me permitiese el poder ayudar, en el caso de que se precisase, a que la venida de aquel pequeño ser fuera lo mas benévola posible. Parecía una broma del destino, un hombre dejaba de ser parte de la familia y al mismo tiempo uno nuevo no tardaría en incorporarse a ella.

Al poco tiempo de haber firmado el acuerdo de separación matrimonial, el juez dictó sentencia y en un plazo inferior a un año había pasado de mujer casada a engrosar la nutrida fila de mujeres divorciadas. Duró lo mismo que tarda un nuevo ser en venir al mundo, ni más ni menos.

De pronto se hacía realidad lo que durante tiempo había sentido: estaba sola ante un futuro totalmente incierto, qué camino debía seguir en el cerrado bosque que es la vida. Con la decisión tomada nueve meses atrás, había dejado de lado la sustentación recibida mensualmente por mi pareja para enfrentarme a lo desconocido con las alforjas no demasiado repletas para aquel viaje. Parece absurdo que después de treinta y tres años de supuesta convivencia, en un avanzado estado interno de decrepitud corporal, me decidiera a embarcarme a un viaje tan inseguro hacia lo desconocido, pero lo que me impulsaba a ello no era más que la necesidad de volver a sentirme persona, volver a vibrar de nuevo, darle una segunda oportunidad a mi vida, abrir las puertas para que el amor pudiera entrar en ella a raudales.

No me importaba la soledad física, ya que nada había cambiado. De hecho, desde hacía ya muchos años —aunque sin saberlo—, yo estaba sola; ahora era de facto. Lo que en el pasado creía que era compañía, ahora me daba cuenta de que realmente nunca lo había sido y que la soledad hacía ya demasiado tiempo que había anidado en mí. Alguien podría preguntarse por qué abandonaba una posible seguridad para adentrarme en una cierta inseguridad, pero ¿realmente había yo abandonado la seguridad o había sido ella quien lo estaba haciendo desde tiempo atrás? ¿No llevaba ya demasiados años viviendo en equilibrio inestable, bajo la dependencia económica de la decisión de la íntima colaboradora de mi esposo? ¿No debía superar en demasiadas ocasiones su presencia, a veces física a veces mental, en las relaciones tanto íntimas como familiares entre mi pareja y yo? ¿No debía soportar que él confundiera mi nombre con el de ella? ¿Debía entender y permitir que mi compañero me recriminase que ya estaba harto de mediar entre nosotras dos? ¿Debía seguir asintiendo y aceptando tantos comportamientos insólitos entre dos personas que se aman?

Al principio yo pensaba que sí, que debía demostrarle mi amor aceptando una conducta inusual por su parte o por lo menos no demasiado corriente para la mayoría de la sociedad en la que nos desenvolvíamos. Por respeto, nadie me hacía ningún tipo de comentario al respecto, pero poco a poco, muy lentamente, empecé a entrever que si en algún momento mi esposo había sentido algún atisbo de respeto hacia mí, ya no quedaba nada de él en la actualidad y lo único que se desprendía de su gélida mirada era un tremendo desprecio hacia mi persona.

A lo largo de todos los años de matrimonio, nunca hubo maltrato físico pero francamente no sé qué es peor, si el maltrato físico o el psicológico. El primero es demostrable; el segundo no lo es prácticamente nunca y además la sociedad no lo entiende, no lo acepta. Existe la pretensión de que si uno aguanta es porque quiere o porque ya le va bien. Aunque no se acepta, se puede entender que una mujer soporte el maltrato físico de su pareja por miedo a él, por sus hijos, por falta de medios para subsistir..., pero no hay aceptación hacia la posibilidad del maltrato psicológico. Se entiende y acepta como una normalidad en la relación matrimonial, como una norma necesaria de respeto hacia sus parejas. Ni las mismas mujeres pueden entender o aceptar que otra haya sufrido este tipo de maltrato. No entienden por qué no son denunciados los aparentes maltratadores por las supuestas víctimas. Entienden que si callan, otorgan; que no hay tal maltrato si no hay denuncia.

Éste es el gran error interpretativo que opera en la mayoría de las personas ante el silencio de la víctima. Normalmente, el maltratador psicológico posee una inteligencia por encima de la media, que favorece que su actuación quede totalmente recluida en el seno de la relación matrimonial. No es común encontrar dicho tipo de maltrato en estratos sociales inferiores o de bajo nivel intelectual.

Son individuos con un gran control mental cuya actuación ante el público externo será totalmente diferente que la practicada en la intimidad del hogar. Jamás dejarán entrever su verdadera condición fuera de la alcoba. Saben cómo hurgar en la mente de la víctima para conseguir que ésta se debilite hasta tal extremo que empiece a dudar de ella misma y que acepte dicho trato vejatorio como una realidad totalmente aceptable. Lentamente la capacidad de reacción de la víctima se verá diezmada de tal forma que no se planteará en ningún momento si el comportamiento de su pareja es anormal: lo aceptará de manera incondicional.

La víctima se hallará sola, inmersa en un círculo vicioso que aún la aislará más del resto de la sociedad. Paulatinamente sus amigos dejarán de frecuentarla ante su rechazo a las posibles críticas recibidas. Lo mismo ocurrirá con la familia, que deberá permanecer en silencio si no quiere perder el vínculo que le une a la víctima, ya que ésta siempre saldrá a la defensa de su pareja. Por último se cerrará el círculo que la someterá a una malsana relación de sadomasoquismo en la cual las figuras del amo y siervo quedan perfectamente definidas y delimitadas de por vida. Lo más curioso es que será la propia víctima quien se adentre lentamente en esta telaraña tan bien tejida que la mantendrá atrapada. Para desasirse, deberá romperla de forma brusca, demasiado brusca para poder soportar sus consecuencias, totalmente inevitables en la mayoría de las veces puesto que la víctima, para evadirse de su estado de sumisión, deberá renunciar a los bienes terrenales y así alcanzar la paz de espíritu necesario para conseguir al fin liberarse de las ataduras.

Es muy difícil que una víctima perciba su condición real como tal y aún más difícil que pueda aceptarla. Cuando consiga hacerlo, su único propósito será el dejar de serlo, cuanto más rápido mejor. Su mente sólo estará encauzada a romper las ataduras que le sometían a una dura servidumbre y sin pensar se lanzará a ciegas a valorar los aspectos más banales pero necesarios de la relación que quiere finalizar.

En ningún momento se detendrá a pensar qué es lo que va a pasar con su vida en el futuro, de dónde va a sacar el sustento necesario. Nada importa, lo único que ansía es la libertad.

Si realmente pensara, lo más probable es que no se atreviera a dar el gran paso, sobre todo cuando la víctima es dependiente económicamente de su opresor. Pero en realidad, aunque se pasen penurias, la paz interna las dulcificará hasta tal extremo que si en algún momento aflora en su pensamiento la duda acerca de su decisión, ésta será rechazada por el equilibrio actual obtenido.

Una vez que se ha roto la relación de dependencia, la víctima comenzará a darse cuenta de cómo era en realidad la persona en la cual había depositado totalmente su confianza. Por regla general, la figura del *dominus* —del amo en el maltrato psicológico— adolece de una personalidad narcisista. Posee una fría racionalidad que raya la perversión. Actúa como un depredador nato paralizando a su víctima para que ésta no pueda defenderse, privándola de sus puntos de referencia.

Su forma cotidiana de actuar presenta con total normalidad las faltas de respeto, mentiras o manipulaciones y si no hay reacción por parte de su entorno social, estos pequeños actos se convertirán progresivamente en conductas perversas que incidirán gravemente en la salud psíquica de su víctima. Su actuación será sutil, no dejará ningún rastro tangible que pueda ser interpretado por los posibles testigos como aspectos de una relación conflictiva o apasionada entre dos personas de fuerte carácter, no verán que en realidad se trata de un intento de destrucción moral o físico que muchas veces alcanza su objetivo.

El *dominus* normalmente posee una mente narcisista. Impone su dominio para poder retener y a la vez mantener alejada a su pareja, evitando así que ésta se escape a su control o invada su espacio por su excesiva proximidad. Para demostrarse su omnipotencia mantendrá a su víctima en una relación de dependencia y hasta incluso de propiedad. De esta forma su pareja quedará paralizada dentro de la total confusión e incertidumbre bajo los sistemáticos ataques y actos de denigración recibidos.

Para cualquiera puede parecer excesiva la tolerancia demostrada por la víctima ante tal comportamiento de su pareja, pero ella no lo ve así, ya que lo único que siente es que su culpabilidad queda reforzada por un acto de sacrificio ante una lealtad familiar debida. En el momento en que finaliza la sublimación del vínculo aparece una violencia indirecta que será ejercida a través de una falta de respeto. Esto ocurre cuando la relación languidece, muere debido a la aparición de una relación extramatrimonial. Considera responsable del fracaso matrimonial a una supuesta e innombrable falta cometida por su pareja que le permite convertirse en víctima culpabilizando a la víctima verdadera. El maltratador siempre está de mal humor, preocupado por problemas laborales y económicos, que curiosamente son cíclicos. Evita toda posibilidad de diálogo manifestando una fría hostilidad hacia cualquier queja o comentario de su pareja. Sólo se comunica con la mirada y en ella queda reflejado el desprecio, el odio y el resentimiento, que provocan, aún más si ello es posible, el desconcierto de la víctima, sumergida en la desesperación ante la incapacidad de reacción por la sensación de culpabilidad que la tiene atrapada en un círculo vicioso de sentimientos enfrentados. De esta forma conseguirá anularla debilitándola psicológicamente.

La víctima intentará por todos los medios comunicarse con su pareja y ante su imposibilidad, finalmente optará por escribirle cartas en las que asumirá generalmente la culpa de la situación para así evitar la total destrucción de la ficticia unión matrimonial. Todos sus intentos serán en vano, no recibirá respuesta alguna. En absoluto interesan sus alegaciones y esfuerzos por salvar un matrimonio que sólo existe en su mente y que hace demasiado tiempo que feneció para el que fue su supuesto compañero.

Haga lo que haga la víctima, siempre será el objeto del odio de su pareja, ya que ésta la considera la causante del fracaso matrimonial. El perverso agresor, para poder idealizar su nueva relación amorosa, necesita proyectar todo lo que es negativo sobre la relación que le mantiene sujeto a una persona que ya no soporta y que le es totalmente improductiva, convirtiéndola en el chivo expiatorio de todas sus desgracias pasadas, presentes y asombrosamente también las futuras.

En el momento en que la víctima decide iniciar un situación de separación matrimonial, ante la posibilidad de un divorcio, aparecerán unos procedimientos perversos como defensa ante tal situación al ver cómo se le escapa la víctima La violencia no cesará ante la separación que será violenta y sin posibilidad de vuelta de hoja. Será a muerte.

Aunque la víctima haya iniciado los primeros pasos para la separación, se defenderá mal debido a su sentimiento de culpabilidad ante la situación. La mente perversa del narcisista sabrá cómo manipular la situación sacándole el mejor partido al desestabilizar a su víctima y hacerle dudar de sí misma, incluso aparecerá como si él fuera la víctima real. El verdadero perverso jamás soltará a su presa, persuadido de que se halla en poder de la razón, lo que a su vez provoca que el círculo destructor en el que están inmersos absorba a los hijos existentes en su relación.

VII

FINALMENTE, EL DESCANSO

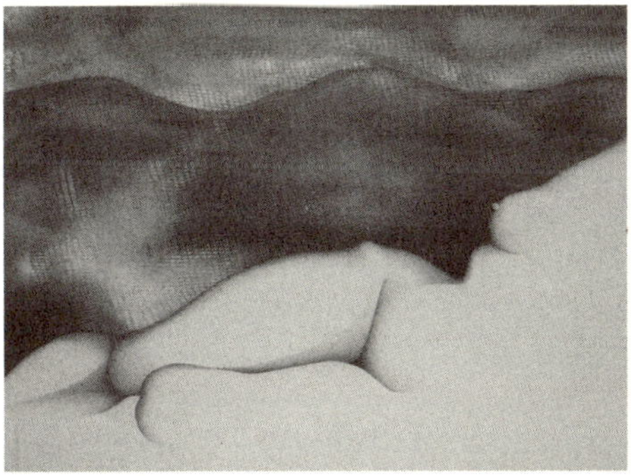

Todo ha ido mal. Nada ha sido como realmente debería haber sido. Elegí a un abogado que resultó ser un auténtico fiasco a pesar de que la elección estaba basada en la recomendación de personas muy entendidas en la materia. Me aconsejaron que escogiera a una mujer como letrado para mejor defensa de mis intereses debido a la mayor facilidad de empatía que mostraría una persona del mismo sexo.

Era una mujer de mediana edad, entrada en la cuarentena, alta y no muy bella, cuyo rostro reflejaba una dureza sin asomo de un atisbo de bondad, lo que me indujo a pensar que era la elección adecuada.

Por lo visto mi capacidad de observación de las personas había quedado mermada en el transcurso de la etapa final de mi vida matrimonial, pues pensé que ella sabría aconsejarme de manera adecuada pero, cuando ya estábamos en la recta final, resultó un total desastre. Al principio me pareció estupenda pero al fin descubrí que lo único que le interesaba del caso era la forma de cobrar la fuerte suma de sus honorarios que, por cierto, no eran los presupuestados en un principio.

Al haber acordado éstos verbalmente, tuve que ceder y abonarle una cantidad desproporcionada a lo pactado en el convenio de separación matrimonial y todo ello antes de que el que era aún mi marido hubiese cumplido por completo con el contenido del convenio de separación matrimonial.

Han pasado más de seis meses y aún no ha conseguido que me sea devuelta toda una serie de bienes descritos en el contrato de separación junto a una documentación de importancia vital para mí, que todavía obra en su poder.

Con el paso del tiempo puedo observar con una inevitable resignación lo desacertado de mi elección para la defensa de mis derechos. Otra vez me había equivocado en mi juicio de valoración y elección de las personas que más me podían ayudar y beneficiar. Había vuelto a caer en las redes de un depredador nato, pero esta vez, ese en el que había depositado totalmente mi confianza era de mi mismo sexo.

En menuda cretina me había convertido, incapaz de valorar al ser humano en su auténtica forma al no poder vislumbrar su fondo real.

Es muy importante tener un buen defensor legal para que la víctima no se vea perjudicada por la actuación perversa de la parte contraria. Cuando me refiero a un buen defensor, hago hincapié en que éste posea unos valores éticos bien asentados, ya que si carece de ellos entrará a formar parte de la extensa lista de personajes dañinos con que toparemos en nuestro camino, a los que debemos evitar con pertinaz insistencia en pro de nuestra salud física, mental y monetaria.

Aunque en un principio nos pueda parecer totalmente absurdo, no hay que olvidar que se trata de una lucha a vida o muerte. Tendemos, de una forma estúpida, a pensar que la que fue nuestra pareja hasta ayer no nos dejará en la miseria, pero realmente es esto último lo que persigue. Cualquier propiedad que se haya obtenido durante la vida matrimonial sólo le pertenece a ella y todos los fracasos económicos son producto de la víctima. Por esta regla de tres, se me concedió una pensión compensatoria (por todos los años trabajados junto a él) tan irrisoria, que sólo me permitiría poder cubrir todos mis gastos primarios durante un periodo no superior a dos años.

Mi abogado no debería haberme aconsejado que firmara aquella barbaridad. Debería haber insistido en ir a juicio, pero me convenció con el alegato de que la mayoría de los jueces eran mujeres y, no se sabía por qué razón, hoy en día éstas se dedicaban a resolver a favor de los hombres, con lo que cabía la posibilidad de que se me sentenciase a tener que pagarle una pensión alimenticia, puesto que era yo la que poseía bienes patrimoniales. Mi pareja había tenido la gran habilidad de no tener nada a su nombre y lo que declaraba oficialmente a Hacienda como ingresos anuales no representaba ni una décima parte de lo que realmente ganaba como profesional de la medicina.

No he visto un divorcio tan penoso como el mío, aunque lo cierto es que no debería sentir extrañeza ni sorpresa. Era el resultado esperado a lo acontecido durante todos los años de matrimonio. Una vida labrada en terreno baldío, que por mucho que se intentara, jamás daría un fruto proporcional al esfuerzo dedicado.

De pronto me encontraba financieramente sola. Me tendría que espabilar para poder encontrar una solución viable ante tal desatino. Las cartas estaban echadas, no había vuelta atrás.

Mientras intento buscar una forma de sustentación para el resto de mi vida, a menudo se me pasa por la cabeza si realmente habré actuado de la manera adecuada al tomar la decisión de no seguir aguantando a aquel no-ser.

La postura más inteligente hubiera sido continuar soportando aquel malestar a la espera de que con el tiempo la relación se dulcificase. Supongo que si no me hubiese hallado en un estado de salud tan lamentable, con una sensibilidad a flor de piel, no hubiera tenido la falta de raciocinio para tomar tal decisión.

No era propio de mi edad el decidir de pronto enfrentarme a lo desconocido como si fuera una veinteañera. Jamás se te ocurriría pensar que la bolsa laboral sólo fuera accesible para gente mucho más joven y que posiblemente careciera de toda la experiencia profesional que yo tenía, pero la cruda realidad me abofeteó de forma violenta dejándome por completo acongojada.

Durante demasiados años había vivido fuera de la realidad en un mundo totalmente ilusorio, sólo plagado de mis deseos insatisfechos. Pienso que si no hubiese estado sumergida en aquel mundo onírico, hubiera tenido la capacidad suficiente para aceptar la cruda realidad en la que me hallaba e intentar cambiar el rumbo de mi vida cuando aún estaba a tiempo de lograr el éxito en mi reintegración social.

Pero como siempre, yo debía hacer gala y honor a mi impulsiva personalidad y me lancé de lleno al ojo del huracán. Ahora me encuentro dando vueltas vertiginosamente alrededor de su vértice, esperando con ansia poder entrar en el mismo para saborear su calma o ser despedida hacia el exterior y de esta forma lograr al fin la *otra* calma...

Tenía la gran suerte de conservar aún en mis arcas parte de la pequeña herencia recibida años atrás. Durante el periodo final de supuesta convivencia había logrado escaquear su monto total a las ávidas manos de mi esposo. Me procuraría un poco de tranquilidad hasta que pudiera regularizar mi situación vital, pero en realidad solamente confiaba que no se agotase hasta la muerte del último de mis perros.

Al haber tomado mi decisión tan tarde, la única ventaja era que mis hijas ya fuesen mayores de edad y del todo independientes y aunque mi ayuda pudiera no ser despreciada en algún momento dado, ellas, con sus parejas, estaban plenamente capacitadas para poder subsistir sin mi refuerzo.

La única responsabilidad que me quedaba hacia un ente vivo —que no fuera yo misma— eran hacia los cuatro canes que aún subsistían de la enorme saga familiar. Sólo por ellos merecía la pena aguantar lo que se me viniese encima.

Ellos habían sido mi sostén en demasiadas ocasiones. Me habían protegido ante extraños y agresores.

Durante toda su vida sólo habían mirado por mi seguridad y aún hoy en día los dos más ancianos, a trancas y barrancas, apenas manteniendo el poco equilibrio que les queda dado lo avanzado de su edad, cumplen con su deber de vigilancia y cuidado hacia mí. Su constante compañía impedía que yo me sumergiera en una depresión por la profunda soledad en la que me hallaba, falta del calor humano necesario.

Ellos han sido los que han evitado durante todo este tiempo que la mecha de mi vida se apagase. Me han insuflado la fuerza necesaria para seguir luchando. Nuestra simbiosis era perfecta, nos cuidábamos mutuamente. Su fidelidad me acongoja y me asombra al mismo tiempo. Pienso en cómo sería el mundo si el comportamiento humano se asemejara al de ellos, aunque sólo fuera en una ínfima parte. Sería espléndido... No habría tantas guerras, ni divorcios, ni envidias, ni insidias, ni tanto desamor. O por lo menos todo el contingente de la raza humana se basaría en objetivos mejor pensados.

En cuanto el último de ellos desapareciese, yo no tendría inconveniente en hacer lo mismo si el destino así me lo demandara.

Volviendo mis pensamientos hacia atrás en el tiempo, no puedo entender el porqué de una vida tan carente y a la vez tan plena de amor, a lo largo de los años transcurridos desde mi primer aliento en este mundo. No puedo evitar plantearme toda una serie de preguntas, que seguramente a más de uno se le habrán pasado por la cabeza en algún momento de su vida:

- ¿Qué es lo que decide que la existencia humana transcurra por caminos tan dispares y tan opuestos?
- ¿Cuál es la carga objetiva (genética) o subjetiva (entorno, aprendizaje) que provoca que dos seres nacidos en el mismo seno familiar y criados bajo el mismo techo, tengan vidas tan dispares?
- ¿Quiere decir que los humanos tenemos un destino exclusivamente marcado para nosotros mismos y que es intransferible?

- ¿Que hagamos lo que hagamos no podremos variar ni un ápice su curso, debiendo sufrir las penas que nos depara y gozar de las alegrías que nos tiene reservadas?
- ¿Que lo único que podemos hacer es un alto en el camino y esperar que en nuestra próxima vida tengamos los arrestos para poder continuar lo que en ésta no supimos concluir?
- ¿Por qué razón a unos les es negada la posibilidad de ser felices y a otros todo lo contrario, y en cambio son pocos los que son capaces de apreciar dicho divino privilegio?
- ¿No debería estar la felicidad al alcance de todos, por igual?
- ¿Por qué la humanidad se está dirigiendo a una degradación tal, que los vínculos familiares pronto dejarán de ser aquellos a los que estamos acostumbrados que así lo sean?
- ¿Qué pasará cuando la célula unifamiliar desaparezca?
- ¿Morirá entonces la humanidad tal como ha estado concebida hasta nuestros días?

Francamente, a muchas de estas preguntas no sé qué respuesta dar, no tengo capacidad suficiente para poder deducir la conclusión final, la respuesta correcta, pero me gustaría creer que el ser humano no consentirá que se destruya algo tan maravilloso como es la unión familiar, el amor, el dar algo sin esperar nada a cambio, el placer de poder contemplar a una pareja de ancianos cogidos de la mano con una tranquila expresión de felicidad en sus rostros, las familias reunidas en torno al árbol…

Las Navidades se acercan, están ya al caer. No sé cómo serán este año; desearía que fueran maravillosas, pero dudo enormemente que eso suceda. Dejaré al destino que decida. No quiero inmiscuirme en su hacer, sólo espero que un asomo de esperanza se cierna sobre nosotras tres y el árbol nos conceda la paz necesaria para volver a estar unidas a su alrededor por siempre jamás.

Necesitamos reorganizar nuestras vidas, hallar el sosiego en nuestros pensamientos sacando la negatividad de los mismos. Deseo que lo podamos conseguir y que nuestros caminos se vuelvan a unir armónicamente.

El 24 de diciembre mi puerta estará abierta para quien quiera disfrutar de la noche en familia.

Adornaré la casa con amor para que adopte una textura más cálida que la de costumbre. Durante los dos días previos los fuegos crepitarán alegremente para que el ambiente se caldee de forma confortable. Colocaré un abeto escogido entre muchos, para que pueda ser el centro idóneo del momento, el invitado más preciado. Volviendo a mi infancia, recordaré cómo mi padre me enseñó a amar la fiesta invernal en familia mientras engalano el espíritu de la Navidad. Cada bola de cristal colocada con esmero representará un año de vida pasada y en ellas quedarán reflejadas las alegrías y penas habidas.

Prepararé, como de costumbre, la cena de Nochebuena, siempre la misma, no variará ni un ápice. Un delicioso pavo relleno con la receta secreta de mi abuelo paterno, cocida a fuego lento dentro de un baño de champagne y finalmente dorada de tal manera que sólo su visión hará que la boca se nos haga agua. No se presentará sola, por un costado irá acompañada de las famosas patatas al horno de mi abuela materna, crujientes en su exterior y cuya costra caramelizada sorprenderá dulcemente con la suavidad de su interior, provocando su goce al paladar más exigente.

Por el otro flanco los verdes guisantes, las dulces zanahorias y los simpáticos champiñones junto a las sabrosas escalonias le servirán de escolta. Todo ello regado por un buen caldo riojano o bordelés hará las delicias de todos los comensales.

La «Buche de Noël», preparada con amor, nos dulcificará el último bocado antes que el «Père Noël» llegue ruidosamente, como de costumbre, llenando de esperanza y nerviosismo a todos los presentes, en espera de que los obsequios dejados se amolden a nuestros deseos e ilusiones.

Me sentaré junto al fuego y contemplaré cómo los más jóvenes abren los paquetes de vistosos envoltorios. Sonreiré ante la impaciencia demostrada, viendo cómo desgarran con manos ávidas las cajas que envuelven sus regalos. Descubriré en sus rostros la expresión de sorpresa al descubrir por fin el contenido de su interior. El aire se llenará de gritos de alegría, carcajadas y felicidad. Una lágrima se abrirá paso empañando mi visión, y llenará mi ser de plácida tranquilidad...

CONCLUSIONES

LO QUE UNA MUJER NUNCA DEBE OLVIDAR

En primer lugar ha de tener presente que en la mayoría de los casos, si ha dedicado toda su vida laboral al cuidado del hogar, de los hijos y de su pareja, se verá obligada durante el resto de la misma a ejercer dicho cometido pese a que las condiciones pactadas en el acto jurídico matrimonial fueran muy distintas a las que hayan llegado a ser con el transcurso de los años. Cuando deje de ser un objeto sexual deseable y reproductor, deberá aceptar sin rechistar que su posición en el hogar pase al puro esclavismo social y moral, y se verá abocada a no ser más que un objeto, tal como definían los romanos a sus esclavos.

Si en algún momento la mujer osa enfrentarse a esa situación y decide huir o alejarse de tal ambiente, deberá enfrentarse a las trabas de nuestro maravilloso Estado de Derecho. Al igual que otros muchos, éste no alberga ningún tipo de protección jurídica a las prestaciones realizadas por la figura del ama de casa. Podrá ser discriminada por razones de sexo, sociales y laborales a pesar que nuestra Constitución proclame en su artículo 14:

> «Todos los españoles son iguales ante la ley, sin que pueda prevalecer discriminación alguna por razón de nacimiento, sexo, religión, opinión o cualquier otra condición o circunstancia personal o social».

Asimismo, tal como reza el artículo 3 punto 4 de la Declaración de los Derechos y Libertades Fundamentales, aprobada en virtud de la Resolución del Parlamento Europeo de 16 de mayo de 1989, queda establecido que:

> «Se garantizará la igualdad ante la ley de hombres y mujeres, en especial en los ámbitos de trabajo, educación, familia, protección social y formación».

Finalmente La Carta Comunitaria de Derechos Sociales Fundamentales de los Trabajadores, de 9 de diciembre de 1989 establece en su artículo 16:

> «Se debe garantizar la igualdad de trato entre hombres y mujeres. Se debe desarrollar la igualdad de oportunidades entre hombres y mujeres. A estos efectos, sería conveniente intensificar allí donde sea necesario las acciones encaminadas a garantizar la realización de la igualdad en-

> tre hombres y mujeres, especialmente en relación con el acceso al empleo, la retribución, las condiciones de trabajo, la protección social, la educación, la formación profesional y la evolución de las carreras profesionales.
>
> También resulta conveniente desarrollar medidas que permitan tanto a los hombres como a las mujeres conciliar sus obligaciones profesionales y familiares.»

En un principio se puede deducir claramente la intencionalidad en el cumplimiento del contenido de estos tres artículos que desarrollan un principio fundamental como es el Derecho de Igualdad entre las personas, pero lo que cuenta al fin es la realidad social que ignora el cumplimiento del mismo en una parte de la población, muy importante para el desarrollo y mantenimiento del propio Estado y de la gran fábrica de producción de riqueza del mismo, el ama de casa. Sin ella la realidad familiar quedaría destruida.

Si la mujer trabaja fuera del hogar, integrada en la vida laboral, recibirá por su labor un salario mensual, cotizará en la Seguridad Social y declarará sus ingresos a Hacienda. En compensación, cuando se quede en paro se le permitirá el acceso a la prestación por desempleo, y recibirá así una compensación económica por el tiempo que determine la ley. Además, cuando le llegue su jubilación podrá acceder a una pensión hasta el fin de sus días calculada según los años trabajados y cotizados. En el caso de que sufriera una enfermedad que le impidiese cumplir parcial o totalmente el cometido para el que hubiese sido contratada, podrá obtener una prestación por invalidez parcial o total, que le permitirá seguir viviendo de una forma digna por el resto de sus días.

El Estado protege a la mujer trabajadora aunque no totalmente, ya que subsiste la discriminación sexual y laboral. Parece ser que se está estudiando la manera de evitarlo en el nuevo desarrollo del Derecho a la Igualdad. Espero que realmente sea así y por fin la mujer y el hombre se hallen al mismo nivel en cuanto a derechos se refiere en el ámbito laboral.

Ése no será el caso de la mujer cuyo trabajo se haya desarrollado únicamente dentro de los límites del hogar. Al no haber percibido salario alguno a lo largo de los años trabajados y no haber cotizado a la Seguridad Social —en adelante SS—, nunca podrá acceder a las compensaciones económicas por su esfuerzo personal como ocurriría si hubiese trabajado fuera del hogar. En definitiva, que trabajar fuera del ámbito doméstico propio compensa económicamente mucho más que trabajar en él. Sólo beneficia a la figura de jefe de familia, ya que podrá desgravar de sus impuestos el hecho de que su pareja trabaje en las tareas hogareñas y no cotice a la SS por un trabajo remunerado que realice externamente. Sin embargo, el ama de casa sí debería cotizar, ya que si en su sustitución queremos contratar un servicio doméstico para que se ocupe de las tareas del hogar, éste deberá tener un contrato laboral y ser dado de alta en la SS, y eso que el ama de casa en su jornada laboral desempeña muchas más facetas que las puramente domésticas: administrador, contable, organizador, profesor, cuidador, etcétera.

Por si fuera poco, si la mujer carece de bienes patrimoniales que la puedan avalar se le presentará de repente otro grave problema en cuanto quiera comprar algo a plazos o pedir un crédito. Sin una nómina se verá obligada a adquirir todo al contado, por lo que se verá mermada su capacidad de compra.

Hasta hace pocos años, escasamente treinta, para poder obtener una cuenta bancaria una mujer debía ser avalada por su padre o su marido, igual que si comprar algo a plazos. No hace muchos años, poco antes del 2000, pude comprobar un comportamiento similar en unos conocidos grandes almacenes a los que acudí para comprar una torre de lavado y secadora. Tras firmar un contrato de pago aplazado esperé en vano a que me llevaran los electrodomésticos a mi domicilio. Al reclamar, me respondieron que mi esposo debía personarse en el departamento de contabilidad para poder formalizar la compra, ya que mi firma carecía de valor al no poseer yo hoja de salario. Cuando él se presentó a firmar, nadie le exigió que mostrara su nómina —por cierto, tampoco él tenía en ese momento—, y pudo firmar sin más requisitos. He aquí una prueba de la discriminación por razón de sexos que unos conocidos grandes almacenes hicieron en su momento y que por lo visto siguen haciendo. Por razones obvias, no he vuelto a acudir a dicha entidad comercial y espero no tener que hacerlo en ningún momento de mi vida por falta de abastecimiento de los otros comercios existentes.

Y los problemas siguen apareciendo. Si la mujer necesita acceder a un trabajo remunerado por cuenta ajena, deberá embarcarse en una ardua búsqueda. Se topará con varios obstáculos en su camino hacia obtención de uno que le permita afrontar con dignidad su subsistencia. Por su desconocimiento de las nuevas tecnologías, su edad o su falta o exceso de preparación, con un poco de suerte, el trabajo que pueda hallar estará en el campo de las faenas de limpieza hogareñas. Para ello deberá enfrentarse a la amplia oferta a bajo precio del enorme número de emigrantes que llegan a diario a nuestras costas, ya que ellos estarán dispuestos a aceptar cualquier salario, por pequeño que sea, en detrimento del personal autóctono.

No quiero extenderme en múltiples ejemplos sobre la realidad que se le presenta a la mujer mayor (con más de cincuenta años de edad) que decide finalizar su relación matrimonial, ya que seguramente no acabaría nunca. El problema radica en el abandono por parte de la sociedad que sufre la mujer que decide tomar ese camino de supuesta libertad y que la conducirá a una senda llena de espinas y obstáculos. Por esa razón, serán pocas las que se decidan a tomarla. Preferirán bajar la mirada, seguir sufriendo en silencio la opresión familiar y, como si llevaran un *burka* que los ocultara, sus sentimientos no quedarán reflejados en su rostro.

Si finalmente se deciden a emprender el vuelo en solitario, no deberá extrañarse del rechazo o falta de comprensión que pueda recibir por parte de las mujeres y familiares de su entorno, ya que ellas y ellos alegarán que lo que le pasa no es más que el típico problema de mala relación conyugal, que no hay para tanto y que si realmente estaban tan mal, por qué no pusieron fin a su relación desde un principio. Sólo las personas que hayan sufrido el mismo acoso podrán llegar a entenderlas realmente.

La recompensa que obtendrán será una nueva situación sin miedos, sin dolor, sin lamentos, viviendo el presente como tal, disfrutando de la libertad recién adquirida. Ésta podrá verse empañada de vez en cuando, ya que el acosador siempre intentará tener algo que aún le ate a su víctima y por lo tanto lo irá esgrimiendo en un intento de desestabilizar su tranquilidad mental y emocional. Por ello es imprescindible que en el momento de la disolución matrimonial se tenga en cuenta hasta el más mínimo detalle vinculante, para que en un futuro no se pueda esgrimir en perjuicio suyo.

Si uno se mantiene positivo día tras día sin desfallecer, llegará a alcanzar la paz interior necesaria para sanar sus heridas emocionales y, de esta forma, superar el mal trago pasado, desechando cualquier tipo de rencor hacia la que fue su pareja, liberándose finalmente de la misma.

www.gcorboud.com

APÉNDICE

EL CHANTAJE EMOCIONAL EN LA PAREJA

El chantaje emocional es una práctica de manipulación y maltrato psicológico por el cual personas cercanas afectiva y humanamente utilizan los sentimientos, de manera directa o indirecta, inconsciente o voluntaria, como arma de castigo si no se cumple su voluntad.

¿Cuál es el perfil del chantajista?

Es el gran desconocido íntimo. Existen cuatro tipos de chantajistas, como ha definido la conocida terapeuta norteamericana Susan Forward. Todos ellos actúan de la misma manera y conocen a la perfección los puntos débiles y vulnerables del castigado.

> *El castigador*. Es exigente, sabe lo que quiere y amenaza si a la menor resistencia no consigue sus objetivos. Es dominador y actúa con furia. Sus amenazas

son directas, claras y rotundas: «¡Aquí se hace lo que yo diga!». No le afecta las necesidades de quienes le rodean y teje a su alrededor un clima de asfixia emocional difícil de sobrellevar. Logra atemorizar a sus castigados por la rotundidad de su mensaje. Se crece en las crisis matrimoniales o al poner fin a una relación amorosa.

Utiliza la cuestión económica o la relación con los hijos como arma arrojadiza. Algunos de ellos utilizan el silencio cínico y frío para provocar desconcierto. Cuantas más explicaciones se les exige más se repliegan en sí mismos. Cuanto más íntima es la relación con la víctima más vulnerable es ésta por cuanto el castigador logra hacerle creer que es ella quién está equivocada. La víctima asume que es el castigador el que actúa correctamente.

El autocastigador. Su chantaje emocional consiste en anunciar medidas drásticas que comportan autolesión si no se hace su voluntad. Comunica sus acciones por medio del miedo y la amenaza: «Si me abandonas, soy capaz de quitarme la vida». Es incapaz de responsabilizarse de su vida. Persona histérica, tendente al dramatismo y a crear situaciones de crisis permanente, consigue que la víctima se sienta responsable de sus actos y de las circunstancias que llevan a ellos.

La víctima. Aquel que asume el rol de persona desdichada, incomprendida y con mala fortuna en la vida. No amenaza con dañarse pero crea sensación de culpa haciendo saber a su víctima que si se hace lo que ella quiere, él sufrirá por ello. Obliga, por tanto, a adivinar cuál es su deseo aunque casi nunca lo manifieste: «Por tu culpa...». Dominan el juego de la adivinanza. Son tiranos en potencia porque su forma de actuar hiere y confunde. En muchos casos consideran que se conspira únicamente para fastidiarlos.

El provocador. Es el más sutil entre los chantajistas emocionales. Siempre que se acate su voluntad, alimenta promesas que nunca cumplirá. Son traficantes de recompensas emocionales. Alientan o prometen amor, dinero o relaciones a cambio de algo: «Te regalaré esto si...» o «Te voy a ayudar si...».

En todos los casos son individuos narcisistas y explotadores que creen poseer privilegios y habilidades excepcionales, que disfrutan haciendo sufrir a las personas con carácter sumiso y torturado, que tienen un alto concepto de sí mismas, y que buscan una posición dominante en la pareja.

¿Qué lleva a una persona a convertirse en chantajista emocional?

La inseguridad, la debilidad, los complejos, el miedo a la pérdida o al abandono. Son personas habitualmente sin un criterio claro o inseguras ante situaciones concretas.

Algunos son extremadamente narcisistas, con un grado de autoestima elevado y una gran confianza en sí mismos. Se creen seres superiores con grandes capacidades que su entorno no reconoce. Esta situación les provoca un profundo conflicto por sentirse incomprendidos y poco valorados, y tienen como único admirador al dependiente emocional.

Son extorsionadores natos aunque su apariencia exterior sea afable y amable. Su necesidad de controlar al otro les lleva a utilizar los sentimientos y la presión incluso en los aspectos más intrascendentes y banales de la vida cotidiana. Colocan a su víctima entre la espada y la pared convirtiendo su vida en algo desagradable e, incluso, amargándoles la existencia. La mayoría de las veces no cumplen sus amenazas pero logran que el castigado viva con la sensación de que el castigador cumplirá su promesa.

¿Cuál es el perfil del que sufre dependencia o chantaje emocional?

A veces nos sorprende que personas inteligentes, valiosas e íntegras sean objeto de chantaje emocional. Pero el que sufre este tipo de dependencia tiene los nervios emocionales a flor de piel.

Es una persona con constantes desequilibrios emocionales, consecuencia de la carencia de afecto. No está acostumbrada a recibir cariño porque ha carecido de él desde la infancia y, por ende, está incapacitado para transmitirlo. Idealiza a la persona que le castiga y le maltrata emocionalmente.

Tiene una autoestima baja considerable, idealiza a su pareja otorgándole cualidades que no existen o que son exageradas. Busca como protector a alguien con gran seguridad en sí mismo, frío emocionalmente, narcisista y con una enorme capacidad de relaciones y de trabajo, la mayoría de las veces más aparentes que reales.

Se considera inferior y concibe el amor y la relación de pareja más como una relación de sumisión y respeto por el otro miembro que como un intercambio de comprensión, complicidad, cariño y ternura. Su relación de pareja es desequilibrada.

Necesita la aprobación de los demás.

Requiere un acceso constante hacia la persona de la cual depende emocionalmente.

Se hace necesario que a su alrededor reine la paz, al precio que sea.

Prefiere cargar con las culpas aunque nada tenga que ver con ella, porque este acatamiento y la aceptación de la responsabilidad relaja su espíritu.

La soledad le asfixia. El miedo a quedarse sola le atenaza, lo que le lleva a un apego negativo con el maltratador.

¿Cómo son las relaciones del que sufre chantaje emocional?

Existen varios tipos de relaciones en las que el denominador común es la subordinación de la víctima a la voluntad del chantajista.

- Trauma ante la perspectiva de ruptura en la pareja.
    - La necesidad de mantener una relación estable es tan grande que se acepta vivir sometido.
    - Constantes intentos de rehacer la pareja por el largo historial de rupturas y desastres emocionales.
    - Se ve arrastrado a una depresión profunda.

- Búsqueda constante de aprobación.
- Aceptación de la sumisión para evitar el abandono, el rechazo, para lograr protección y una situación de seguridad económica y emocional.
- Interpretación del amor como un apego obsesivo y admirativo hacia el otro miembro de la pareja sin entender que el intercambio debe ser de amor, afecto y cariño.

¿Por qué surte efecto el chantaje emocional?

Porque el chantajista maneja las emociones de la víctima. Utiliza sus puntos débiles para fortalecer su posición y hacerla más manejable. Invoca habitualmente el sentimiento de culpabilidad y logra revertir las situaciones para que siempre le sean favorables.

Utiliza métodos sutiles o actúa abiertamente, presionando de forma inmisericorde para controlar las conductas de la víctima. Nunca lo hace en público para no levantar suspicacias. Sus acciones se producen siempre en la intimidad y con las personas afectivamente más cercanas. Esta forma de actuar le da más seguridad y control de la situación. De esta manera logra que el chantajista asuma sus pretensiones. Lograr acorralar a su víctima compartiendo intimidad y secretos. Su máxima es «cuanta mayor culpa generes, mayor será el control de la situación». El chantajista es consciente de hasta qué punto la víctima valora la relación que le une con él porque es conocedor de sus puntos vulnerables y sus miserias. Utilizará cualquier medio para salirse con la suya y lograr el acatamiento.

Como el chantajista genera miedo, obligación y culpa, el chantaje emocional surte efecto porque quien lo sufre capitula, siente de manera aterradora una profunda culpabilidad.

¿Cuáles son los factores clave que mantienen la dependencia emocional?

El chantajista utiliza la información que tiene sobre la víctima para incrementar sus temores y sus miedos. El castigador busca que las cosas se hagan a su manera convirtiendo la relación en un estado psicológico tal que las palabras se convierten en amenazas permanentes. Frases como «te dejaré», «te haré la vida imposible» o «te gritaré» son habituales en este estadio. Los factores más frecuentes son:

- El miedo.
- El sentimiento infundado de culpa.
- El cuestionamiento del carácter. La víctima se convierte en el «malo» de la relación.
- La ira y el resentimiento acumulados.
- El aislamiento emocional y afectivo.
- El chantaje a través de amenazas encubiertas, sanciones y castigos.

¿Cuáles son las fases de la dependencia emocional?

En primer lugar hay una fase de euforia en la relación, cuando la persona dependiente conoce al que será su pareja y futuro agresor psíquico. Le sigue la subordinación en el que una de las partes se convierte en el centro de la relación obligando a la otra a una situación de sumisión o de idealización. Ésta lleva a un desequilibrio externo, de rompimiento con el consiguiente síndrome de abstinencia —en el que la víctima acude en busca de ayuda por una situación clínica de depresión—, y el reinicio del ciclo.

¿Cómo son las relaciones de dependencia emocional?

En su *Análisis del concepto «dependencia emocional»*, Jorge Castell establece una serie de criterios:

- Su relación con otra persona se basa en la necesidad excesiva de aprobación:
  - Vive preocupado por caer bien, incluso a personas que ve por primera vez o desconocidos.
  - Se empeña en lucir una buena apariencia.
  - Expresa de distinta manera sus demandas de atención y afecto: haciendo regalos o favores que no le piden, preocupándose y estando pendientes de los demás, etcétera.
- Está lleno de expectativas irreales por su anhelo exagerado de tener pareja:
  - Se llena de ilusión y fantasía al comienzo de una relación, creyendo que ha encontrado a la persona que siempre ha andado buscando o al encontrarse con una persona interesante.
  - Uno de los pocos momentos felices de su vida es al iniciar una relación o ante la posibilidad de que eso ocurra.

- Anhela relaciones exclusivas y parasitarias:
  - * Siente necesidad continua de disponer de pareja, amigos, hijos, etcétera.
  - * Vive pendientes de ellos, incluso llamándoles constantemente a su trabajo, controlándoles, vigilándoles, queriendo conocer hasta el último detalle de lo que hacen con su vida privada.
  - * Invade la vida privada de la otra persona.
  - * Agobia a su pareja con excesivas demandas de atención, de consideración.
- Ocupa una posición subordinada en la relación:
  - * Por la pobre autoestima.
  - * Elige parejas narcisistas o explotadoras.
- La relación conduce a una continua y progresiva degradación:
  - * Soporta desprecios, maltrato físico o emocional y humillaciones.
  - * No recibe verdadero afecto.
  - * Sus propios gustos e intereses son relegados a un segundo plano.
- Son relaciones que no llenan el propio vacío emocional, sólo lo atenúan y lo agravan, porque el problema no está resuelto y para hacerlo se debe entrar en contacto y conocimiento de los propios sentimientos más ocultos:
  - * No recibe afecto, deteriorando aún más la autoestima.
  - * No se conoce lo que se demanda porque nunca se ha tenido.
- Las rupturas son auténticos traumas:
  - * El deseo de tener una relación es tan grande que se busca una relación tras otra.

  * Se tiene un prolongado historial de rupturas y nuevos intentos.
  * Cae en estados depresivos.
- Posee una autoestima muy pobre y un autoconcepto negativo:
  * No se ama a sí mismo porque nunca ha sido adecuadamente amado, ni valorado por las personas significativas, sin dejar por esto de estar vinculadas a ellos.
  * El desamparo emocional y su vacío se manifiestan más cuando no está enredado en una nueva relación.

¿Cuáles son los aspectos que más teme la víctima del chantaje emocional?

- El impacto en su bienestar personal: «Te voy a dejar sin nada...».
- El dolor físico. Que se pueda llegar a los malos tratos: «A ver si te voy a dar...».
- Que su salud mental y psíquica lleguen a tal sensación de opresión que pueda acabar en depresión e, incluso, en locura: «Estás loco/a...».
- Traicionar la propia integridad: «No sirvo para nada...».
- La traición a terceras personas del círculo más cercano que comporta el autoreproche: «Los niños o yo...» o «Como se lo digas a tu madre...».

¿Tiene aliados el chantajista emocional?

Cuando el intento individual de llevar a cabo sus amenazas y sus acciones no surte efecto, el castigador busca apoyos externos. Habitualmente introduce a terceras personas —por lo general familiares cercanos o amigos íntimos— de los que sabe podrá sacar partido porque le darán la razón en sus planteamientos. Con este método logra atacar a la víctima por dos flancos. Por lo general son personas respetadas y valoradas por la persona chantajeada emocionalmente.

Si este sistema no funciona apelan a la autoridad superior: «Dice mi terapeuta...», «Tu mejor amiga dice...», «Podrías seguir el ejemplo de...».

¿Cuáles son las características del maltrato psicológico?

El agresor psíquico insulta, utiliza malos modos, gritos y comentarios despectivos, insiste en la poca valía de la persona y su incapacidad para hacer bien las cosas, limita el contacto con amigos y familiares, menosprecia a la familia de la víctima, utiliza comentarios machistas —si la víctima es una mujer— o feministas —si es un hombre—, rechaza cualquier tipo de amistad que le ofrezca la víctima, amenaza con daños físicos o con el abandono, limita la promoción personal y profesional de la víctima, toma decisiones sobre la indumentaria del chantajeado, exige lo que se ha de hacer en cada momento, siente celos obsesivos, presiona o chantajea para tener relaciones sexuales, hace sentir culpable a la víctima de los ataques de ira y de genio o de agresividad verbal del agresor. El chantajista golpea objetos, puertas o paredes para intimidar a la víctima con el fin de dejar claro que los golpea para no hacerlo con la persona maltratada.

¿Cuáles son las expresiones más habituales en el chantaje emocional?

Debido a que el chantajista emocional pretende someter emocionalmente a su víctima, la mayoría de las expresiones tienen un carácter de obediencia y sumisión a sabiendas de que quien las sufre tiene una gran dependencia emocional. A veces el castigador no es consciente del impacto de sus palabras. Algunos ejemplos habituales son:

- «Nadie te podrá querer tanto como yo».
- «¿Qué harías sin mí?».
- «Si realmente me quieres, te preocuparías más por mí, como hago yo contigo».
- «Si no sabes de lo que estamos hablando, cállate».
- «Sólo lo haces para herirme, mi sentimientos no te importan».
- «No puedes hacerme esto sabiendo lo mucho que te quiero».
- «¿Por qué no eres como...?».
- «Estás celoso/a por nada».
- «Todo son invenciones tuyas».
- «Siempre me sacrifico por ti y tú me lo pagas de esta forma».
- «Si no me das lo que necesito tendré que buscarlo fuera».

- «No sabes estar a la altura de mis amistades».
- «No tienes sentido del humor».
- «Para que quieres trabajar, ¿quién nos atenderá a mí y a los niños?».
- «Si me abandonas, no respondo de mis actos».
- «Si te vas, me mato».
- «Te lo advierto. Si te marchas no volverás a ver jamás a los niños».
- «Te necesito. No sabría vivir sin ti».
- «Lo hago por tu bien».
- «Si sales con tus amigos, no esperes encontrarme aquí cuando regreses».
- «Me has decepcionado. Siempre me decepcionas».
- «Ya verás como a partir de ahora las cosas serán diferentes».
- «Tan gorda nadie se va a fijar en ti».
- «No sirves para nada».
- «Eres la única persona que puede ayudarme».
- «Si me quisieras...».
- «Estás enfermo/a. Necesitas la ayuda de un psicólogo».

¿Cómo reacciona la víctima del chantaje emocional?

La sensación de asfixia, dolor e inseguridad lleva a la víctima a adoptar una serie de actitudes para rebajar la presión del castigador. El chantaje emocional comienza por pequeñas cosas insignificantes del día a día y si ese chantaje funciona a pequeña escala, el chantajista sabe que lo logrará a escala superior.

Las más frecuentes son:

- Llorar.
- Disculparse.
- Suplicar.
- Ceder con la vana esperanza de que todo cambie la próxima vez.
- Rendirse ante la evidencia de que uno se ha equivocado de nuevo.
- Discutir para acabar aceptando.

La sensibilidad de la víctima la lleva a no poder afrontar con fortaleza la situación, a enfrentarse al chantajista y fijar límites en la relación.

La víctima ha de cortar de raíz el posible chantaje por su propia dignidad y su propio respeto. Si la víctima corta inmediatamente un comportamiento castigador, siempre logrará el respeto y la admiración del chantajista emocional.

¿Eres el objetivo del chantajista?

Existen una serie de parámetros reconocidos por terapeutas y psicólogos que permiten discernir si alguien puede llegar a ser objetivo de un chantajista. En todos ellos los sentimientos se utilizan como modelo de cambio para lograr el objetivo del manipulador emocional:

- Amenazan con convertir la vida de la víctima en un infierno si ésta no hace lo que el castigador pretende.
- Amenazan de forma reiterada con poner fin a la relación de pareja si uno no se somete a su voluntad.

- Dan a entender que se abandonarán, se dañarán o caerán en una depresión si no se hace lo que persiguen o anhelan.
- Por mucho que uno entregue, siempre exigen más.
- Son insensibles a los sentimientos y a las aspiraciones del otro miembro de la pareja.
- Realizan magníficas y deslumbrantes promesas sujetas a que el comportamiento del beneficiado se ajuste a sus exigencias y al proceder que el castigador desea. Las promesas rara vez se cumplen.
- Tienen tendencia a tratar a la víctima de insensible, egoísta, aprovechada, mala persona o interesada cuando no se cede a sus demandas y exigencias.
- Insultan y menosprecian cuando uno se mantiene firme en sus convicciones y principios.
- Utilizan la cuestión económica o la relación con los hijos como arma efectiva de chantaje.

¿Cuál es el clima ideal del chantaje?

Aquél en el que la víctima se somete a las presiones del castigador.

- Teme que la relación afectiva acabe en ruptura si no se cede a la voluntad del chantajista.
- Se autocastiga con frecuencia para ceder a las exigencias del chantajista.
- Siente una permanente sensación de frustración, resentimiento y de ira.
- Considera que las obligaciones hacia terceros son mayores que las que uno tiene hacia sí mismo.

- La víctima se convierte en la única persona causante de la crisis.
- Experimenta una permanente sensación de culpa.
- La víctima reconoce que actúa mal por no satisfacer las demandas del maltratador emocional, aceptando incluso que es una mala persona.

¿Cómo superar la dependencia afectiva?

El camino para desprenderse del acoso de un chantajista emocional es posible. En primer lugar es conveniente ponerse en manos de un psicólogo que pueda orientarnos en las diferentes terapias psicológicas dedicadas a este tema con el fin de transformar el sentimiento de dependencia que se tiene con la pareja.

Es conveniente, antes de adoptar un compromiso, conocerse y valorarse.

Uno tiene que estar dispuesto a dar el primer paso. Oxigenar la propia vida personal y alimentar espacios de libertad con la pareja con el fin de ordenar ideas y salir de la frustración personal en la que uno vive inmerso.

Mantener la dignidad y la integridad, siempre. Si alguien se respeta a sí mismo logrará que los demás le respeten.

Se ha de alcanzar la seguridad, la confianza y la capacidad para asumir la soledad y los desafectos y reconocer las limitaciones propias. El chantajista no cambiará pero si uno se aleja de los pensamientos negativos, los autorreproches y las culpas y desarrolla acciones positivas, habrá ganado parte de su equilibrio emocional.

Se trata de utilizar la comunicación no defensiva, el tacto y la diplomacia.

Reflexionar a fondo sobre la vida y no renunciar a ser uno mismo.

¿Cómo enfrentarse eficazmente a un chantajista emocional?

La respuesta a simple vista es sencilla pero la puesta en la práctica es compleja porque depende del estado emocional de quien sufre chantaje de este tipo. Las dependencias son difíciles de superar por la decepción y la necesidad que crean. Hay que tener en cuenta que la víctima se encuentra en una situación débil emocional y físicamente. La mayoría de las veces la ansiedad y la inseguridad se han convertido en el eje de su vida. Por otro lado, existe el miedo a intentarlo y fracasar. Y lo más importante, a perder a la persona que nos somete pero a la que se está unida emocionalmente.

Día a día, el impacto del chantaje afecta a lo más íntimo de la persona. A su dignidad. Y para ello, lo primero que hay que hacer es intentar recuperarla. ¿Estoy dispuesto a conseguirlo? Uno ha de examinarse —en una evaluación sincera— personalmente y decidir que el miedo no ha de dirigir su vida, asumir que ha de enfrentarse al que le está dañando física y moralmente, definir el papel que quiere desempeñar en la relación con el chantajista, proteger la propia salud mental y ser siempre honesto con uno mismo. Cediendo en alguno de estos puntos se cede también al chantaje emocional.

La clave es autorrespetarse, autoafirmarse, convencerse, serenarse, buscar el equilibrio interior para hacerse fuerte.

Las fases para superar las demandas y las estrategias del chantajista son las siguientes:

- Aleja la presión. Fortalécete para ganar tiempo frente al chantajista. Utiliza frases evasivas: «No puedo tomar ninguna decisión en este momento», «Dejemos esta conversación para más tarde», con el fin de reducir la presión y tener tiempo para reflexionar. Logra que el tiempo corra a tu favor, no al del chantajista.
- Crea una actitud mental positiva. Trata de que las exigencias, la presión, las amenazas y la exigencia de obligación no hagan mella en ti. Genera un escudo protector. Evita que las observaciones malintencionadas del chantajista se conviertan en positivas. Cuando el agresor psíquico utilice argumento contrarios —«No tienes personalidad», «No sabes lo que quieres», «No estás a la altura de la circunstancias», etcétera—, piensa en cosas tuyas positivas para darle la vuelta a la situación. Haz acopio de energía positiva y no dejes que las amenazas arruinen tu vida.
- Sé honesto y confiesa el problema a alguna persona cercana de mucha confianza que no esté involucrado en la situación. Una ayuda externa es importante para superar la dependencia. Habla con claridad: «La dependencia emocional que padezco me impide salir de este infierno. Necesito ayuda para salir de este círculo vicioso que me arrastra al vacío».
- Ve separándote poco a poco del chantajista emocional.
- Prepárate para una ruptura dolorosa y traumática. Dejar una relación de dependencia emocional puede llegar a ser más traumático, incluso, que un divorcio. Si la víctima

acepta sufrir durante un tiempo, la superación será más rápida. Se trata de reprimir íntimamente el dolor y aceptar la nueva situación de soledad que se avecina.

- Empieza a resolver las cuestiones de tu vida que más te afectan desde un punto emocional, espiritual y económico. Ponte en manos de un buen especialista.
- Prepárate para lo que se avecina. La ruptura de una relación de dependencia emocional comporta asumir que entre agresor y víctima se iniciará un largo enfrentamiento. El chantajista intentará agredir de nuevo con las debilidades, la ausencia de personalidad o las flaquezas de la víctima; volver a su situación de privilegio, esperando que ésta retorne a su debilidad y ceda ante sus amenazas.
- Sólo la víctima que se mantenga firme podrá salir adelante.

Las imágenes que aparecen en las portadillas de los capítulos pertenecen a la autora del libro. Se trata de las siguientes obras que corresponden a los estados emocionales de la autora en las diversas etapas de su vida.

1.	*Agua*	93 x 73. Pintura, 1979
2.	*Bosque*	70 x 50. Técnica mixta. Dibujo, 1980
3.	*Dolor*	90 x 120. Técnica mixta. Dibujo, 1981
4.	*Auto-retrato*	70 x 50. Técnica mixta. Dibujo, 1985
5.	*Montaña*	90 x 120. Técnica mixta. Dibujo, 1988
6.	*Avalancha*	90 x 120. Técnica mixta. Dibujo, 1998
7.	*Descanso*	90 x 180. Técnica mixta. Dibujo, 2004
8.	H^2O	80 x 60. Pintura, 2006